Le guide de l'embauche

1re édition

avril
2007

Le guide de l'embauche

Marc Canaple
Docteur en droit, Juriste en droit social

DELMAS

Chambre de commerce et d'industrie de Paris
Inforeg

Autres titres de la collection « Parcours d'entrepreneurs »

Choisir le statut de son entreprise commerciale, 1re éd.

Le guide de l'apprentissage, 1re éd.

Le guide de l'entreprise individuelle, 1re éd.

Le guide de l'importateur, 1re éd.

Le guide de la SARL, 1re éd.

Le guide du bail commercial, 1re éd.

Le guide du commerce ambulant, 1re éd.

Le guide du départ à la retraite du chef d'entreprise, 1re éd.

DELMAS est une collection des éditions Dalloz
31-35, rue Froidevaux
75014 Paris
Tél. 01 40 64 54 54
Fax 01 40 64 54 97
Pour toute question :
www.editions-delmas.com

INFOREG, le service d'information juridique de la Chambre de commerce et d'industrie de Paris est constitué exclusivement de juristes confirmés, spécialisés dans différents domaines du droit. Sa mission consiste à informer les créateurs, les chefs d'entreprises et les commerçants sur la réglementation qui leur est applicable quotidiennement dans la conduite de leurs activités.

www.inforeg.ccip.fr

0892 705 100 (0,34 €/min)

DALLOZ

ISBN 978-2-247-07254-5
ISSN 0750 3431
Dépôt légal : avril 2007

Avant-propos

Embaucher un salarié est une étape essentielle dans la vie d'une entreprise. Elle peut aussi s'avérer épineuse dès lors qu'il s'agit de sélectionner le candidat correspondant le mieux aux attentes de l'entreprise, de choisir le contrat de travail le plus adapté au poste à pourvoir, de provisionner le coût du salarié ou encore de rechercher les possibilités d'aides à l'emploi.

L'ensemble de ces démarches implique une connaissance des règles et pratiques françaises du recrutement et de l'embauche d'un salarié. L'objet de cet ouvrage est précisément de délivrer ces informations en expliquant, pas à pas, les différentes phases incontournables de l'engagement d'un collaborateur.

Détaillant les règles encadrant le recrutement, exposant les caractéristiques et le contenu des différentes formes de contrat de travail et analysant le coût d'un salarié et les différentes aides dont peut bénéficier l'entreprise, ce guide fournira tous les éléments indispensables à une embauche réussie.

Remerciements

A également contribué à la réalisation de ce guide,
l'équipe du service emploi de la CCIP-Délégation de Paris,
animé par Véronique Paillieux.

Sommaire

1. Recruter le salarié

Travail salarié et non salarié

Recruter impose de déterminer, en amont, les besoins de l'entreprise. Le contrat de travail n'étant pas le seul moyen de s'assurer du concours d'une personne, d'autres formes de collaboration peuvent répondre aux attentes de l'entreprise : stage, participation du conjoint du chef d'entreprise, détachement de salarié, travail temporaire.

1. Qu'est-ce qu'un contrat de travail ?

Les éléments du contrat de travail

101 À défaut de précision légale, le contrat de travail est défini par la jurisprudence comme « le contrat par lequel une personne, le salarié, s'engage à fournir une prestation au profit d'un tiers, l'employeur, sous l'autorité de celui-ci en contrepartie d'une rémunération ».

Les éléments caractéristiques du contrat de travail sont donc au nombre de trois :

- une prestation,
- une rémunération,
- et un lien de subordination juridique.

La prestation du salarié

102 Cet élément est le plus simple à caractériser. La prestation du salarié peut être de nature manuelle, intellectuelle, artistique et ce que l'entreprise soit une entreprise industrielle, commerciale, libérale ou agricole.

La rémunération du salarié

103 L'existence d'un contrat de travail implique le versement d'une rémunération. La forme et le mode de calcul de cette rémunération sont libres : rémunération en nature ou en argent, fixe ou variable, calculée au temps, à la pièce ou à la commission.

Au-delà de ces principes, il faut retenir que le salaire ne saurait en aucun cas être inférieur au SMIC dont le taux horaire est fixé au 1er juillet 2006 à 8,27 euros.

Ce minimum doit être garanti même lorsque le mode de calcul de la rémunération détermine, le cas échéant, un montant moindre.

EXEMPLE

Un salarié, chargé de la commercialisation des produits de l'entreprise, voit sa rémunération fixée à 10 % de son chiffre d'affaires mensuel. Les commissions qui lui seront versées ne pourront jamais être inférieures au SMIC. Ainsi, le mois où il réalise un chiffre d'affaires de 10 000 euros, occasionnant le versement de 1 000 euros de commissions, son salaire est complété à hauteur du SMIC.

Le lien de subordination juridique

104 Le contrat de travail se distingue d'autres contrats proches (contrat de mandat, contrat d'entreprise) par l'autorité dont dispose l'employeur sur son salarié : le lien de subordination juridique.

Il se caractérise par le fait, pour l'employeur, de donner des ordres et des directives, d'en contrôler l'exécution et d'en sanctionner les manquements.

Toutefois, si l'employeur n'a pas les moyens matériels ou intellectuels de contrôler directement l'activité du salarié, la qualification de contrat de travail n'est pas pour autant écartée dès lors que l'employeur détermine unilatéralement les conditions de travail : horaires, lieu de travail, fourniture du matériel... On dit alors que le salarié est intégré à un service organisé, indice du lien de subordination juridique.

EXEMPLE

À titre d'exemple, un médecin qui, ne possédant pas de cabinet, n'a pas le libre choix de ses patients, dispense ses soins aux clients de la clinique dans les locaux, avec un matériel et un personnel fournis par l'établissement, qui de plus est astreint à certaines sujétions d'horaires, de prestations et de

gardes et est soumis au règlement intérieur de la clinique, est intégré à un service organisé et doit donc être considéré comme salarié.

La preuve du contrat de travail

105 La loi présume, dans certains cas, que la relation de travail en cause est un contrat de travail ou, au contraire, exclut cette possibilité.

En l'absence de présomption, la preuve de l'existence du contrat de travail s'appuie sur les conditions concrètes d'exécution du travail rapportée devant le juge.

Les présomptions de salariat

106 Le Code du travail **présume**, pour un certain nombre de professions exercées dans des conditions particulières, **l'existence d'un contrat de travail.**

Il s'agit :
- des travailleurs à domicile;
- des voyageurs – représentants – placiers dits VRP;
- des journalistes professionnels;
- des artistes du spectacle;
- des mannequins.

Il ne s'agit toutefois que de présomptions simples et il est toujours possible de démontrer que le travail s'effectue en dehors de tout lien de subordination, en toute indépendance ou en dehors des dispositions particulières retenues par le Code du travail.

Dans d'autres cas, sans remettre en cause la nature du contrat conclu, le Code du travail **assimile la relation contractuelle à un contrat de travail** et lui applique tout ou partie du droit du travail.

Il s'agit, pour ce qui nous concerne :

– de certains distributeurs et prestataires, tels que les distributeurs exclusifs d'une marque;
– des gérants succursalistes non salariés des maisons d'alimentation de détail.

La présomption de non-salariat

107 Afin de faciliter la création d'entreprise et d'éviter la requalification d'un contrat d'entreprise en contrat de travail, il a été inséré dans le Code du travail une présomption qui écarte la possibilité de reconnaître l'existence d'un contrat de travail entre un donneur d'ordre et un travailleur dès lors que ce dernier est inscrit à un registre officiel attestant de sa qualité de travailleur indépendant : registre du commerce et des sociétés, répertoire des métiers entre autres.

Il ne s'agit, là encore, que d'une présomption simple et il est possible de démontrer l'existence d'un contrat de travail en rapportant la preuve d'un lien de subordination juridique permanente.

La qualification judiciaire du contrat de travail

108 En cas de contestation portant sur la nature du contrat liant les parties, le juge prud'homal doit rechercher l'existence ou non des éléments caractéristiques du contrat de travail. Il doit écarter, dans cette démarche, la qualification juridique initialement retenue par les parties et ne tenir compte que des conditions concrètes d'exécution du travail.

C'est à partir de ces éléments qu'il déterminera l'existence ou non d'une relation de travail rémunérée et subordonnée et qu'il qualifiera la relation contractuelle de contrat de travail.

2. Recourir aux services d'une personne sans conclure de contrat de travail

109 Différentes solutions permettent de s'assurer de la collaboration d'une personne sans pour autant conclure de contrat de travail. Mais l'étendue des prérogatives de l'entreprise à l'égard du collaborateur peut s'en trouver restreinte.

Le stagiaire

110 Le stagiaire intègre l'entreprise afin d'y mettre en œuvre des connaissances théoriques et ainsi compléter sa formation. Par conséquent, il ne peut occuper un poste de travail et n'est donc pas salarié de l'entreprise, sous peine de voir le stage requalifié en contrat de travail.

Il est néanmoins possible de lui confier ponctuellement l'exécution de certaines tâches sous la surveillance d'un maître de stage. Il résulte de ces règles que les dispositions du Code du travail ne sont pas applicables au stagiaire, à l'exception de la réglementation relative à la durée du travail et au repos hebdomadaire.

Par ailleurs, depuis la loi relative à l'égalité des chances du 31 mars 2006, le stagiaire ne peut intégrer l'entreprise que dans le cadre d'une **convention de stage** conclue entre le stagiaire, l'entreprise et l'établissement de formation.

Le stage, d'une durée maximale de six mois, renouvellement compris, fait l'objet d'une rémunération obligatoire s'il dépasse trois mois consécutifs. Cette gratification, dont le montant peut être fixé par la convention collective, est exonérée de cotisations sociales lorsqu'elle est inférieure à une somme obtenue en multipliant le plafond horaire de la Sécurité sociale (20 euros au 1er janvier 2007) par 12,5 puis par le nombre d'heures de stage effectuées dans le mois et en divisant le tout par 100 (Décret n° 2006-757 du 29 juin 2006).

EXEMPLE

Pour un stagiaire effectuant un stage à mi-temps (75,84 heures par mois), la gratification versée est exonérée de cotisations sociales dans la limite suivante :
(20 × 75,84 × 12,5) / 100 = 189,59 euros
Pour un stagiaire à temps plein (151,67 heures par mois), la gratification est exonérée de cotisations sociales à hauteur de 379,18 euros par mois.

Le conjoint collaborateur

111 L'entrepreneur individuel, le gérant associé unique d'une EURL de 20 salariés au plus ou le gérant majoritaire d'une SARL de 20 salariés au plus peut recourir, à titre habituel et professionnel, aux services de son conjoint marié sans avoir à lui verser de rémunération.

Ces dispositions, qui ne s'appliquent pas aux partenaires d'un pacte civil de solidarité ni aux concubins, permettent donc la collaboration du conjoint du chef d'entreprise en dehors du cadre du Code du travail, dont les dispositions ne s'appliquent pas.

Le conjoint doit toutefois être affilié et cotiser au régime d'assurance vieillesse des travailleurs des professions industrielles et commerciales (RSI). En l'absence de rémunération du conjoint collaborateur, les cotisations seront calculées sur des bases forfaitaires permettant, le cas échéant, de ne pas engendrer de charges supplémentaires pour l'entreprise.

SE RENSEIGNER

Le service inforeg de la Chambre de commerce et d'industrie de Paris publie un guide en ligne des charges sociales des commerçants et industriels indépendants :
www.inforeg.ccip.fr, rubrique « le point sur... »
www.organic.fr
www.le-rsi.fr

Le salarié détaché

112 L'entreprise peut faire appel à l'une de ses consœurs, le plus souvent dans le cadre d'un groupe ou d'un contrat de sous-traitance, afin que celle-ci mette à sa disposition l'un de ses salariés. Dans ce cas, le contrat de travail initial n'est pas rompu et l'entreprise d'origine reste l'employeur du salarié. Les modalités financières de ce détachement (prise en charge du salaire, des frais professionnels...) sont négociées par les parties. Néanmoins, la mise à disposition de personnel ne peut en aucun cas se faire à titre onéreux : l'entreprise qui détache le salarié ne peut retirer de bénéfices de l'opération.

En effet, le Code du travail prohibe « toute opération à but lucratif ayant pour objet exclusif le prêt de main-d'œuvre [...] » et interdit « toute opération à but lucratif de fourniture de main-d'œuvre qui a pour effet de causer un préjudice au salarié qu'elle concerne ou d'éluder l'application des dispositions de la loi, de règlement ou de convention ou accord collectif de travail [...] ».

Ces infractions de **prêt illicite de main-d'œuvre et de marchandage** sont punies de deux ans d'emprisonnement et/ou de 30 000 euros d'amende.

Le travailleur temporaire

113 L'entreprise peut recourir aux services d'une entreprise de travail temporaire pour recruter un salarié pour une courte durée.

Dans cette hypothèse, l'entreprise de travail temporaire, employeur du salarié, met ce dernier à la disposition de l'entreprise utilisatrice. Le contrat de travail est donc conclu entre l'entreprise de travail temporaire et le salarié, l'entreprise utilisatrice concluant, pour sa part, un contrat de mise à disposition avec l'employeur.

Si cette solution permet de disposer très rapidement d'un salarié avec les compétences requises, elle peut s'avérer néanmoins coûteuse, l'entreprise de travail temporaire facturant la mise à disposition de salarié. Par ailleurs, le recours au travail temporaire n'est autorisé que dans un certain nombre de cas bien limités : remplacement d'un salarié absent, accroissement temporaire de l'activité de l'entreprise, contrat saisonnier ou d'usage. Enfin, si aucun lien contractuel ne lie l'entreprise utilisatrice et le salarié, ce dernier se voit toutefois appliquer les conditions de travail normalement applicables dans l'entreprise d'accueil : durée du travail, repos hebdomadaire, hygiène et sécurité…

Principe de non-discrimination

L'ensemble du droit du travail est régi par un principe de non-discrimination qui joue lors de l'exécution du contrat, mais également lors de l'embauche, avant la conclusion du contrat, au stade du recrutement. Ces règles impératives ne peuvent être écartées et leur violation est sévèrement sanctionnée.

Le principe de non-discrimination est affirmé au plus haut niveau des sources du droit dans la Constitution mais également dans le Code du travail et le Code pénal.

1. Le principe de non-discrimination dans le Code du travail

120 Le Code du travail interdit toute discrimination lors du recrutement d'un salarié, dans l'exécution ou dans la rupture du contrat de travail, à raison de l'un des motifs suivants :

- l'origine ;
- le sexe ;
- les mœurs ;
- l'orientation sexuelle ;
- l'âge ;
- la situation de famille ;
- la grossesse ;
- les caractéristiques génétiques ;
- l'appartenance ou la non-appartenance, vraie ou supposée, à une ethnie, une nation ou une race ;
- les opinions politiques ;
- les activités syndicales ou mutualistes ;
- les convictions religieuses ;
- l'apparence physique ;
- le patronyme ;
- l'état de santé ;
- le handicap ;
- l'exercice normal du droit de grève.

Par ailleurs, les discriminations fondées sur le sexe, la situation de famille, la grossesse ou l'activité syndicale font l'objet d'interdictions spécifiques.

121 La violation de l'ensemble de ces règles entraîne la nullité de l'acte discriminatoire et expose au versement, dans le cadre d'une décision de justice, de dommages et intérêts en réparation du préjudice subi par le candidat à l'embauche.

L'action doit être introduite devant le **conseil des prud'hommes** qui est seul compétent pour connaître de tous les litiges relatifs à l'application de l'article L. 122-45 du Code du travail qui interdit les discriminations de toute nature. Peu importe qu'il n'existe pas encore de contrat de travail (Cass. soc., 20 déc. 2006 n° 06-40662).

2. Le principe de non-discrimination dans le Code pénal

122 Les articles 225-1 et suivants du Code pénal sanctionnent de trois ans d'emprisonnement et de 45 000 euros d'amende le fait d'opérer, lors d'un recrutement ou de l'exécution du contrat de travail, une discrimination fondée sur l'origine, le sexe, la situation de famille, la grossesse, l'apparence physique, le patronyme, l'état de santé, le handicap, les caractéristiques génétiques, les mœurs, l'orientation sexuelle, l'âge, les opinions politiques, les activités syndicales, l'appartenance ou de la non-appartenance, vraie ou supposée, à une ethnie, une nation, une race ou une religion déterminée.

Tant l'employeur personne physique que l'entreprise personne morale encourt ces peines (l'amende encourue par la personne morale est quintuplée).

3. Les exceptions au principe de non-discrimination

La discrimination fondée sur l'état de santé ou le handicap

123 Le Code pénal autorise les discriminations fondées sur l'état de santé lorsqu'elles participent à la prévention du risque de décès, des risques portant atteinte à l'intégrité physique de la personne ou des risques d'incapacité de travail ou d'invalidité.

Il autorise également les discriminations fondées sur l'état de santé ou le handicap, lorsqu'elles consistent en un refus d'embauche ou un licenciement fondé sur l'inaptitude médicalement constatée par le médecin du travail.

Par ailleurs, le Code du travail impose l'embauche à temps plein d'un nombre minimal de **travailleurs handicapés** dans les entreprises de 20 salariés et plus. Ce quota est de 6 % de l'effectif de chacun des établissements de l'entreprise employant au moins 20 salariés. L'obligation est respectée dès lors que l'employeur, au choix, emploie l'effectif de travailleurs handicapés prescrit, sous-traite certains travaux à des entreprises adaptées, fait application d'un accord collectif mettant en œuvre un programme d'action en faveur des handicapés, accueille des stagiaires handicapés ou verse à l'Agefiph une contribution libératoire (voir n° 640).

SE RENSEIGNER

Pour plus d'informations, contactez l'Association nationale pour la gestion du fonds d'insertion professionnelle des handicapés AGEFIPH : www.agefiph.fr

La discrimination fondée sur le sexe ou la situation de famille

124 Le Code pénal autorise les discriminations fondées sur le sexe lorsque l'appartenance à l'un ou l'autre sexe constitue la condition déterminante de l'exercice d'un emploi.

L'article R. 123-1 du Code du travail dresse une liste exhaustive des professions concernées : artistes appelés à interpréter soit un rôle féminin, soit un rôle masculin; mannequins chargés de présenter des vêtements et accessoires; modèles masculins et féminins.

4. La preuve d'une discrimination

125 Selon les règles habituellement applicables, il reviendrait au candidat ou au salarié qui se plaint d'une discrimination d'en rapporter la preuve par tous moyens. Toutefois, l'article L. 122-45 du Code du travail a, en ce domaine, aménagé les règles de preuve.

Le salarié qui estime être victime d'une discrimination doit rapporter des éléments de fait laissant présumer le comportement discriminatoire de l'employeur. Celui-ci doit alors se défendre en démontrant que son choix est fondé sur des éléments objectifs. Il revient, en définitive, au juge, à la vue de l'ensemble de ces éléments, de trancher le litige.

Offre d'emploi

Sauf lorsque l'entreprise se contente des candidatures spontanées, l'offre d'emploi est une étape essentielle du processus de recrutement. Outre un certain nombre de mentions obligatoires ou, au contraire, interdites, l'offre d'emploi doit comporter une description précise du poste à pourvoir et des besoins de l'entreprise. Le choix du diffuseur et du support de diffusion est également primordial.

1. Élaboration de l'offre d'emploi

Déterminer les besoins de l'entreprise

130 Préalable incontournable à la rédaction de l'offre d'emploi, il convient de qualifier avec précision les besoins de l'entreprise quant au poste à pourvoir et au profil du candidat recherché.

L'analyse du poste à pourvoir

131 Il est essentiel de faire une analyse du poste à pourvoir dans le contexte de l'entreprise. Il faut évaluer les besoins de l'entreprise, son marché, ses perspectives d'évolution et de développement.

Il faut également tenir compte de l'état du marché de l'emploi afin de ne pas lancer un recrutement impossible car mal dimensionné en terme de formation, d'expérience, de salaire.

EXEMPLE

À titre d'exemple, le salaire est en général un élément prépondérant de l'attractivité d'un poste. Il convient donc de se poser les bonnes questions pour être sûr de proposer une rémunération attractive : quels sont les barèmes de la profession par rapport aux exigences de l'entreprise en termes de niveau de diplôme et d'expérience, par exemple ?

132 Dans tous les cas, il convient de **répondre aux questions suivantes** car chaque réponse peut influer sur la rédaction de l'offre et sur l'intérêt des demandeurs d'emploi :

- Quel est le motif de recrutement (création de poste, remplacement) ?
- Quelle est la situation du poste dans l'organigramme ?
- Quel est l'intitulé du poste ?

- Quels sont les principales tâches liées au poste, les finalités et les objectifs, les outils techniques et les moyens financiers pour les réaliser ?
- Quels sont les principaux interlocuteurs en interne et en externe ?
- Quelle est la nature de l'encadrement ?
- Quelles sont les possibilités d'évolution ?
- Quelles sont les conditions particulières (contraintes d'horaire, déplacements éventuels, leur fréquence et les moyens nécessaires) ?
- Quel est le plan de rémunération et les avantages ?

CONSEIL

Déterminez bien, parmi les critères de sélection, ceux qui sont prioritaires, incontournables (sans eux pas de recrutement possible) de ceux qui sont simplement souhaitables.

Lors de cette étape il est important de travailler avec les salariés directement concernés par le recrutement (l'équipe et le responsable) qui donneront un avis éclairé.

Le profil du candidat recherché

133 Une fois le profil de poste déterminé, il faut définir le profil du candidat correspondant. Cette étape permet de déterminer les critères de sélection du candidat, de cibler les recherches et de rédiger l'offre d'emploi.

134 Les missions définies lors de l'analyse du profil de poste requièrent des compétences professionnelles, qu'elles soient simples (savoir écrire, monter sur une échelle...) ou pointues (programmer en langage UNIX, analyser un bilan rédigé en anglais, gérer un établissement...). Elles correspondent à des niveaux de diplôme ou d'expérience qui peuvent être d'autant plus difficiles à définir qu'ils sont élevés ou éloignés du métier du chef d'entreprise.

CONSEIL

Soit vous connaissez le métier, et vous pouvez être tenté de ne pas vous faire aider; soit vous ne le connaissez pas, et il vous est fortement recommandé de faire appel à des spécialistes en interne ou en externe.
Il est parfaitement concevable qu'un maître boulanger compte sur sa capacité de jugement pour sélectionner son apprenti, mais beaucoup plus risqué qu'un responsable d'usine recrute un analyste programmeur sans faire appel à l'avis de ses ingénieurs ou d'un cabinet de recrutement spécialisé.

135 À cette étape du recrutement, ont été établis :

- la description du poste (ce que va faire le collaborateur);
- la liste des compétences et aptitudes dont il devra faire preuve (bilingue anglais, allemand ou rompu à l'utilisation du logiciel X, etc.);
- le niveau d'études ou d'expérience professionnelle requis (être titulaire d'un CAP de boulangerie, d'un DESS de droit social ou avoir au minimum cinq ans d'expérience de la vente de produits ménagers à une clientèle de centrales d'achat...).

Il est également utile de compléter ce profil par les qualités personnelles dont devra faire preuve le candidat pour réussir sur ce poste : capacité d'écoute, rigueur...

Le contenu de l'offre d'emploi

136 Au-delà des contraintes purement légales, le contenu de l'annonce doit valoriser l'entreprise et le poste à pourvoir et rendre l'offre d'emploi attractive.

Les restrictions légales au contenu de l'offre

137 Le contenu de l'offre d'emploi est régi par les articles L. 311-4 à L. 311-4-2 et L. 631-4 du Code du travail. L'offre est nécessairement rédigée en français et sa vente est interdite. Rien n'empêche néanmoins son insertion dans un support payant (journal, site Internet...).

REMARQUE

Lorsque l'emploi ou le travail offert ne peut être désigné que par un terme étranger sans correspondant en français, le texte français doit en comporter une description suffisamment détaillée pour ne pas induire le candidat en erreur.

Les mentions interdites

138 Il est interdit de faire diffuser par quelque moyen que ce soit une offre d'emploi comportant :

- la mention d'une limite d'âge supérieure exigée du postulant à un emploi (sauf textes législatifs et réglementaires contraires) ;
- des allégations fausses ou susceptibles d'induire en erreur et portant en particulier sur l'existence, le caractère effectivement disponible, l'origine, la nature et la description de l'emploi offert, la rémunération et les avantages annexes proposés ainsi que le lieu du travail ;
- toute mention portant atteinte au principe de non discrimination (voir n° 120).

La violation de ces obligations est sanctionnée d'un an d'emprisonnement et de 37 500 euros d'amende et engage la responsabilité de l'auteur et du diffuseur de l'offre.

Les mentions obligatoires

139 L'offre d'emploi comporte nécessairement mention :

- de la date de sa diffusion;
- du nom ou de la raison sociale de l'entreprise. À défaut, l'employeur est tenu de faire connaître son nom ou sa raison sociale et son adresse au directeur de la publication;
- de la dénomination et du caractère d'entreprise de travail temporaire lorsque l'offre émane de ce type d'entreprise.

Une offre d'emploi attractive

140 Afin de « donner envie » au candidat de rejoindre l'entreprise, il est nécessaire de mettre celle-ci en scène. Si elle est peu connue, il faut la situer en quelques chiffres précis (chiffre d'affaires, effectif salarié...). On peut inclure dans l'annonce un logo, une photo...

EXEMPLE

« Vous voulez rejoindre une structure dynamique à taille humaine, être force de proposition auprès de la direction, atteindre des résultats tangibles et rapides... notre société... X euros de chiffre d'affaires, spécialiste de... recherche son chef de produit. »

Il est indispensable de préciser le contenu du poste : citer l'intitulé du poste ne suffit pas, il faut décrire les fonctions, les perspectives d'évolution, mettre en avant les compétences principales indispensables pour réussir dans le poste. Il ne faut pas omettre le salaire, ce dernier étant un élément essentiel pour cibler les bonnes candidatures.

Il faut également mettre en avant l'existence d'avantages qui pourraient « séduire » les candidats (voiture de fonction, mutuelle, portable...).

Enfin, il faut obligatoirement préciser les modalités pour postuler : le candidat doit savoir comment contacter l'entreprise (lettre de motivation, CV par courrier ou par courriel, numéro de téléphone, personne à contacter, etc.).

141 Mais attention aux excès : **les mentions contenues dans l'offre d'emploi engagent l'employeur**.

Ainsi, dans une affaire où l'offre d'emploi mentionnait le versement d'un intéressement avec un minimum garanti de 4 000 francs par mois, il a été jugé que cette mention engageait l'employeur obligé de verser les sommes indiquées quand bien même le contrat de travail ne le prévoyait pas (Cass. soc., 17 nov. 1982).

2. La diffusion de l'offre d'emploi

142 Le soin apporté au choix du diffuseur de l'offre doit être le même que celui apporté à la rédaction de l'offre elle-même.

Au-delà des seuls diffuseurs institutionnels (ANPE, APEC) ou traditionnels (presse), il convient de porter une attention toute particulière aux sites Internet.

Diffuseurs institutionnels

L'ANPE

143 Organisme public, l'Agence nationale pour l'emploi est chargée de rapprocher gratuitement les offres et demandes d'emploi. Pour ce faire, l'inscription de tout demandeur d'emploi auprès de ses services est requise. En revanche, depuis la loi de programmation pour la cohésion sociale du 18 janvier 2005, l'employeur

n'est plus obligé d'y déposer son offre d'emploi. L'ANPE reste toutefois le principal acteur du placement des salariés dans les entreprises françaises.

CONSEIL

Communiquez votre offre d'emploi à l'ANPE. Cela permettra notamment une diffusion de celle-ci sur son site Internet (www.anpe.fr) et de voir avec un conseiller ANPE si un dispositif d'aide à l'emploi à destination des personnes en difficulté est en adéquation avec votre besoin de recrutement.

L'APEC

144 Présentant des services comparables à ceux de l'ANPE pour le recrutement de cadres, l'Association nationale pour l'emploi des cadres, ingénieurs et techniciens est un interlocuteur incontournable lorsque le salarié recherché présente ce profil.

Diffusion par voie de presse

145 Le support presse est encore un moyen intéressant et pertinent de diffuser une offre d'emploi. Il convient, en revanche, de bien définir la cible visée. Veut-on une diffusion nationale, régionale ou locale de l'offre d'emploi ? Souhaite-t-on diffuser l'offre auprès de professionnels ou du grand public ? À quelle fréquence : quotidienne, hebdomadaire, mensuelle ? Le mieux étant peut-être de multiplier les publications en fonction du profil recherché, mais aussi de l'urgence du recrutement.

CONSEIL

Pensez au format de votre annonce, à sa place sur le support, à son style. Pensez également au jour de parution de votre annonce en fonction du support. Pensez à rédiger différemment votre offre en fonction du support utilisé (presse ou site

Internet...). Selon l'enjeu de votre recrutement, vous pouvez vous adresser à une agence de communication spécialisée qui vous aidera à définir votre stratégie de communication pour mener à bien votre recherche de salarié.

Diffusion sur Internet

146 En complément des autres outils utilisés et notamment de l'offre d'emploi publiée dans la presse, Internet peut s'avérer un outil utile dans la recherche d'un candidat puisque de nombreux postulants l'utilisent pour leur recherche d'emploi. C'est d'autant plus vrai pour les jeunes diplômés et la population des cadres. Les candidats apprécient la rapidité de cet outil mais également la source d'informations que celui-ci procure sur les entreprises et l'état du marché. Mais sa facilité et sa rapidité font que le recruteur risque de recevoir profusion de candidatures pas forcément toutes en adéquation avec l'offre.

Une offre sur un site est également moins coûteuse que dans la presse et peut offrir un meilleur rendement. Elle touchera notamment des chercheurs passifs (candidats potentiels qui sont en poste). Cependant, les « sites emploi » sont nombreux (généralistes, spécialisés) et le choix du diffuseur peut s'avérer épineux.

CONSEIL

Lorsque vous diffusez une offre sur un « site emploi », vous devez :
- **respecter la même réglementation que pour la rédaction d'une offre d'emploi diffusée dans la presse ;**
- **au préalable, réfléchir à la suite à donner aux candidatures et savoir gérer les flux qui risquent d'être plus importants que par annonce presse ;**
- **penser également, en complément, à utiliser les CVTHEQUES (banques de données de *curriculum vitae*) des sites.**

SE RENSEIGNER

Quelques sites de recrutement parmi les plus importants :

www.adecco.fr
www.erecrut.com
www.afij.org
www.apec.asso.fr
www.cadresonline.com
www.lerucher.com
www.carriereonline.com
www.manpower.fr
www.anpe.fr
www.cadremploi.fr
www.emailjob.com
www.monster.fr

Les autres modes de diffusion

Les salons professionnels

147 Les salons professionnels permettent d'atteindre deux objectifs : publicité de l'entreprise et recrutement, notamment par la constitution d'un vivier de candidats de la profession. Cela peut être intéressant si l'entreprise recrute régulièrement. Mais la participation aux salons professionnels a un coût correspondant au prix du stand, aux personnes mobilisées et, ensuite, au suivi du fichier constitué.

SE RENSEIGNER

Pour connaître les dates des prochains salons :
www.salonscongres.ccip.fr
www.foiresaloncongres.com
www.salons-online.com

Les syndicats professionnels

148 Ils sont source de candidats pour certains recrutements sectoriels.

Les bureaux des anciens élèves des écoles

149 Ils facilitent le recrutement des jeunes diplômés sortis depuis peu de l'école ou permettent de profiter de l'annuaire des anciens élèves qui peuvent être devenus des personnes expérimentées.

SE RENSEIGNER

Vous trouverez dans la partie Annexes & Compléments la liste et les coordonnées des bureaux des anciens élèves des écoles de la CCIP.

Choisir le bon candidat

À condition de respecter les libertés fondamentales du candidat et en l'absence de discrimination, l'employeur est totalement libre de retenir le candidat de son choix. Pour se déterminer, il doit sélectionner les candidats. Comment s'y prendre ? Comment s'y préparer ?

1. Présélectionner les candidatures

155 Une fois l'offre diffusée, l'entreprise reçoit un certain nombre de dossiers de candidatures. La première étape consiste alors à analyser les lettres de candidatures reçues et les CV, afin de réaliser un premier tri. Ce premier tri va permettre de sélectionner un nombre raisonnable de personnes à recevoir.

Le *curriculum vitae* est la pièce maîtresse du dossier de candidature. Il apporte une réponse quant à l'adéquation du candidat aux critères de sélection retenus, notamment ceux incontournables ou vivement souhaités (formation, diplôme, expérience...).

REMARQUE

La loi du 31 mars 2006 pour l'égalité des chances a introduit à l'article L. 121-6-1 du Code du travail le principe du **CV anonyme**. Ce texte prévoit que, dans les entreprises de 50 salariés et plus, les informations communiquées par écrit par le candidat à l'emploi doivent être examinées dans des conditions préservant son anonymat. Les modalités de cet examen anonyme devaient être précisées par décret en Conseil d'État, mais le gouvernement a fait savoir qu'il renonçait à prendre les dispositions nécessaires avant que les partenaires sociaux ne concluent un accord sur ce point. Le CV anonyme n'est donc pas obligatoire, à ce jour, dans les entreprises françaises.

156 Après avoir reçu une certaine quantité de réponses, l'employeur peut commencer une étude comparative des dossiers. Il procède à une lecture des *curriculum vitae* sur le fond en recherchant les points forts par rapport aux exigences du poste à pourvoir. Il note au fur et à mesure sur les CV les questions, interrogations que la lecture lui inspire (trame pour l'entretien).

CONSEIL

Retenez un CV qui a attiré votre attention même s'il ne correspond pas à l'intégralité de vos critères. Ne portez pas de jugement trop hâtif notamment sur les omissions et les prétentions. Ne vous focalisez pas sur le titre qui peut en fait cacher des réalités différentes, privilégiez les éléments concrets.

157 Par ce premier travail, l'employeur aboutit à trois piles :
- une, composée des candidats qui conviennent *a priori*;
- une deuxième, composée des candidats que l'on met en attente;
- une dernière, comprenant les candidats qui ne correspondent pas au profil recherché.

CONSEIL

Répondez à tous les candidats afin de préserver l'image de votre société. Pour les personnes retenues, fixez un entretien dans un délai raisonnable pour éviter la perte des bons candidats. Pour les candidats en attente, prévenez-les de votre décision. Pour les candidats non retenus envoyez immédiatement une réponse négative. Vous trouverez des modèles de courriers en fin d'ouvrage.

2. Apprendre à connaître les candidats retenus

158 À ce stade, le recruteur ne connaît les candidats que par leur dossier de candidature. Il lui importe dans un premier temps de mener des investigations complémentaires (questionnaires d'embauche, test divers...) afin de vérifier les informations données par le salarié et d'apprendre à mieux le connaître. Il pourra, dans un second temps, procéder à des tests professionnels, avant de s'entretenir avec les derniers candidats en lice.

Les questionnaires d'embauche

Le contenu des questionnaires d'embauche

159 L'article L. 120-2 du Code du travail précise qu'il ne peut être apporté de restrictions aux libertés fondamentales des salariés et candidats à un emploi dans l'entreprise qui ne soient justifiées par la nature de la tâche à accomplir et proportionnées au but recherché. En conséquence, l'employeur est tenu de respecter la vie privée des salariés et candidats à un emploi.

Ce principe est spécialement décliné à l'article L. 121-6 du Code du travail concernant les questionnaires d'embauche – auxquels sont assimilées les questions posées lors d'un entretien d'embauche. Les questions posées doivent, en effet, avoir un lien direct et nécessaire avec l'emploi à pourvoir.

160 Partant, **il est difficile d'établir une liste exhaustive des questions autorisées ou, à l'inverse, interdites.** La légalité des informations demandées dépendra, d'une part, des spécificités de l'entreprise et, d'autre part, de l'emploi à pourvoir. Si les questions relatives à la formation du candidat ou à son expérience professionnelle sont manifestement toujours admissibles, celles relatives à la situation de famille, à l'orientation sexuelle ou encore à l'appartenance syndicale sont à l'évidence sans lien direct avec quelque emploi que ce soit. Il reste toutefois une série d'informations (nationalité, casier judiciaire, le cas échéant, appartenance religieuse...) qui peuvent parfois entrer en considération lors d'un recrutement. Ainsi, dans les entreprises dites de tendance, assises sur une doctrine morale, religieuse, philosophique ou idéologique, il pourra être exigé du candidat qu'il partage le courant de pensée défendu par l'employeur.

CONSEIL

Il y a très peu de contentieux en ce domaine, les candidats exclus d'un recrutement n'identifiant pas systématiquement la cause discriminatoire de leur mise à l'écart ou renonçant à faire valoir leurs droits. Pour autant, les rapports successifs de la Commission nationale de l'informatique et des libertés, collectrice des questionnaires d'embauche qui réunissent des informations nominatives, mettent en évidence une liste de questions généralement interdites relatives :

- **au conjoint, aux parents du candidat et aux parents du conjoint (notamment leur profession);**
- **à la religion du candidat, à son état de santé, à son orientation sexuelle;**
- **au numéro de Sécurité sociale ou au numéro d'allocations familiales du candidat;**
- **au nom et aux coordonnées de connaissances non professionnelles du candidat ou du salarié ou encore à ses loisirs.**

Toutefois, l'employeur est en droit de s'enquérir de la situation familiale (nombre d'enfants, par exemple) ou des conditions de logement du salarié, celui-ci une fois recruté, dès lors que la collecte de ces informations a pour objet l'attribution d'avantages offerts par l'entreprise.

Les obligations du candidat

161 Lorsque les questions posées ont un lien direct et nécessaire avec l'emploi proposé, le candidat est tenu d'y répondre de bonne foi. En revanche, il n'est pas tenu de révéler des informations qui sont sans lien avec l'emploi à pourvoir ou que l'employeur ne lui demande pas.

IL A ÉTÉ JUGÉ

Un employeur peut licencier un salarié qui a menti sur son niveau de formation lors de son recrutement à la condition que

le salarié n'ait effectivement pas fait la preuve de son aptitude à occuper le poste (Cass. soc., 30 mars 1999, n° 96-42.912).

Les techniques d'aide au recrutement

162 L'article L. 121-8 du Code du travail autorise l'employeur à utiliser des techniques d'aides au recrutement d'un salarié : analyse graphologique, tests psychotechniques, d'évaluation scolaire ou psychologique... La loi pose toutefois des conditions : le candidat doit avoir été informé au préalable du recours à ces techniques particulières et les résultats doivent en rester confidentiels à l'égard des tiers.

Bien que la loi ne l'oblige pas, la remise d'un document écrit permet, le cas échéant, de faire la preuve de cette information préalable. Par ailleurs, les techniques utilisées doivent être pertinentes au regard du but poursuivi et présenter un degré raisonnable de fiabilité.

REMARQUE

La **procédure d'enchères électroniques inversées**, pratique qui consiste à mettre en concurrence les candidats à un emploi sous la forme d'un appel d'offres au moins disant, est interdite.

S'entretenir avec les candidats

163 L'entretien va permettre de vérifier, d'estimer la valeur des informations décrites, de découvrir la personnalité et la motivation des postulants. Il va permettre de vérifier que le profil du candidat (formation, expérience, personnalité...) correspond aux caractéristiques du poste, d'évaluer sa capacité d'intégration à l'équipe et à l'entreprise. Il va permettre également au candidat d'évaluer l'intérêt du poste, de vérifier que le poste et l'entreprise correspondent bien à son projet professionnel.

REMARQUE

L'entretien est soumis aux mêmes dispositions que le questionnaire d'embauche. L'employeur ne doit donc interroger le salarié que sur des points en lien direct avec l'emploi à pourvoir.

164 L'entretien ne fait pas, en lui-même, l'objet d'une réglementation particulière. Il peut donc prendre différentes formes :

- entretien mettant face à face le recruteur et le candidat;
- entretien avec plusieurs interlocuteurs (pensez à bien définir au préalable le rôle de chacun lors de l'entretien);
- entretien en situation : le candidat doit simuler une ou plusieurs situations en poste de travail;
- entretien collectif qui permet d'informer plusieurs candidats en même temps et qui pourra ensuite être approfondi par un entretien individuel;
- plusieurs entretiens dans la même journée avec des recruteurs différents (là aussi bien définir le rôle de chacun).

Préparer l'entretien

165 Avant de recevoir les candidats, il est très important de préparer l'entretien :

- analyser le CV et la lettre de candidature et recenser vos interrogations, les points à vérifier, les thèmes à approfondir : le pourquoi et le comment de certains choix du candidat, les périodes d'inactivité, de mobilité...;
- reprendre les informations sur le contexte du recrutement : motifs du recrutement, date d'embauche...;

– élaborer un canevas qui va guider l'entretien, c'est-à-dire un plan avec l'environnement de l'entreprise, le contexte du poste, le profil recherché et les objectifs à atteindre comme déceler une compétence, un trait de caractère ;
– prévoir un endroit tranquille et organiser une disponibilité complète ;
– préparer l'accueil du candidat : Qui va l'accueillir ? Où l'installer ? Lui remet-on un profil du poste, une plaquette de l'entreprise ?

Conduire l'entretien

166 Très important : l'accueil du candidat doit être soigné. Ce dernier doit être mis en confiance pour obtenir un échange constructif.

L'entretien se déroule souvent en deux phases : une phase d'interview du candidat sur son CV, son expérience, sa formation et une phase de présentation du poste. Le recruteur choisit la phase qu'il préfère aborder en premier. Les deux schémas ont leurs avantages et leurs inconvénients.

Dans toutes les hypothèses, il faut laisser parler le candidat, être à son écoute, utiliser le plus souvent possible la reformulation pour être sûr de bien comprendre ses propos. Le laisser poser des questions sera riche d'enseignements sur ses attentes réelles. Mais il faut veiller à ne pas se laisser déborder par un candidat trop bavard et à recentrer toujours l'entretien sur le sujet principal.

Les questions clés d'un entretien d'embauche

167 Il suffit de choisir quelques-unes de ces questions en fonction du profil recherché et du poste à pourvoir.

Expériences professionnelles : Pouvez-vous me décrire une de vos semaines de travail type : emploi du temps, répartition des tâches ? Quelle était la position hiérarchique de votre dernier poste ? Vous satisfaisait-elle ? Pourquoi ? Quelle différence faites-vous entre votre ancien poste et celui qui vous est proposé ? Quelle est la période de votre vie professionnelle que vous avez préférée ? Pourquoi ? (Et la pire ?) Pensez-vous que vos compétences soient mises en valeur par votre parcours professionnel ?

Comportement au travail : Pouvez-vous me donner des précisions sur les missions qui vous étaient confiées ? Quel degré de proximité avec la hiérarchie vous est nécessaire pour être efficace ? Dans quelles circonstances avez-vous du mal à suivre les règles prescrites ? Lesquelles ? Pourquoi ? Exemple ? Préférez-vous travailler en groupe ou de façon autonome ? Avez-vous connu des échecs ? Quelles sont les réussites dont vous êtes le plus fier ?

Motivation : Quels sont les points qui vous attirent tout particulièrement dans le poste proposé ? (Et le moins ?) Pourquoi ? Que savez-vous de nous, de notre société, de nos produits, de notre marché ? Donnez-moi trois bonnes raisons de vous recruter ? Avez-vous un projet professionnel ? Lequel ? Où vous voyez-vous dans cinq ans, dans dix ans ? Quels sont les critères primordiaux que doit présenter une entreprise pour qu'elle vous intéresse ?

Compétences : De quoi êtes-vous capable aujourd'hui ? Que savez-vous faire ? Pourquoi et comment pensez-vous participer au développement de notre entreprise ? Quelles sont, parmi vos aptitudes et expériences, celles qui vous permettent de penser que vous réussirez dans un tel emploi ?

Formation : Pourquoi avez-vous choisi cette voie ? Avez-vous des regrets ? Quelle est la chose la plus importante que vous ayez apprise pendant vos études et pourquoi ?

Personnalité : Qui êtes-vous ? Parlez-moi de vous. Quels sont vos points forts et vos points faibles ? Qu'est-ce qui vous fait sortir de vos gonds ? Comment les autres vous décriraient-ils (ami, responsable) ?

Autres : Êtes-vous libre immédiatement ? Quelle est votre situation actuelle ? Combien valez-vous ? Quel était votre précédent salaire ? Avez-vous le permis ? Êtes-vous prêt à faire de la route ? Comment occupez-vous vos loisirs ? Comment avez-vous trouvé l'entretien ?

Après l'entretien

168 Dès la fin de l'entretien, une synthèse écrite du déroulé de l'entretien est réalisée. Par exemple, une dizaine de critères essentiels est retenue en leur affectant un coefficient pondérateur (sous forme de tableau).

On peut également rédiger un compte rendu complet de l'entretien. Des modèles sont proposés en fin d'ouvrage, p. 245 et 248.

Si l'entretien est négatif, il est souhaitable que le candidat soit informé de cette décision. La réponse doit être courtoise et si possible argumentée.

Si l'entretien est positif, la suite du processus de recrutement est expliquée au candidat. Un second entretien peut être organisé qui s'attardera sur des détails, sera plus approfondi et normalement plus productif. L'employeur peut être assisté d'une autre personne, voire se faire remplacer lors de cet entretien afin de confronter son opinion. Penser à retenir, si c'est possible, plusieurs candidatures.

CONSEIL

Derniers conseils :

- **ne pas quitter un thème sans l'avoir entièrement exploré;**
- **laisser le candidat s'exprimer librement;**
- **reformuler pour s'assurer d'une bonne compréhension du candidat;**

- ne pas se laisser déborder par un candidat trop bavard ou « excessivement » passionnant;
- suivre la trame de l'entretien fixée au départ pour l'ensemble des candidats rencontrés;
- s'assurer que le candidat est toujours intéressé par le poste à pourvoir;
- éviter les jugements trop hâtifs, les intuitions, la position de défense, etc.

Dernières vérifications

Dernière étape : vérifier que le candidat retenu peut effectivement être embauché. Nationalité, majorité, absence de clause de non-concurrence, des points dont dépendra la conclusion définitive du contrat de travail.

1. Les limites légales à l'embauche

170 Le Code du travail interdit ou restreint l'embauche de certaines personnes (mineurs, étrangers...). À l'inverse, il oblige tout employeur à recruter un certain nombre de salariés appartenant à des catégories particulières.

Règles particulières applicables à certaines catégories de salariés

Emploi des jeunes

Âge d'admission au travail

171 Les jeunes hommes ou femmes ne peuvent être employés avant d'être libérés de l'obligation scolaire, c'est-à-dire avant l'âge de 16 ans.

Par exception, cette interdiction ne s'applique pas aux établissements où ne sont employés que les membres de la famille sous l'autorité du père, de la mère ou du tuteur pour les travaux occasionnels ou de courte durée qui ne sont pas nuisibles ou dangereux.

En outre, les élèves âgés de 14 à 16 ans suivant un cursus d'apprentissage junior initial, destiné à l'acquisition du socle commun de connaissances et de compétences, peuvent effectuer des stages d'initiation sous tutorat en milieu professionnel (découverte de l'entreprise avec travaux légers, définition d'un projet de formation...).

SE RENSEIGNER

Pour toutes les informations utiles, reportez-vous au livre *Le guide de l'apprentissage* publié dans la même collection.

Enfin, des règles particulières sont prévues pour les emplois de spectacle ou de mannequin.

Emplois interdits

172 Les jeunes de moins de 18 ans ne peuvent être employés à la confection, la manutention et la vente d'écrits, affiches, objets... dont la vente, l'exploitation, la distribution sont réprimées par les lois pénales comme contraires aux bonnes mœurs. Les jeunes de moins de 16 ans ne peuvent pas être employés dans les locaux où sont confectionnés ou vendus des marchandises et objets qui seraient de nature à blesser leur moralité, même s'ils ne sont pas pénalement réprimés.

L'emploi aux étalages extérieurs des boutiques et magasins est interdit aux jeunes de moins de 16 ans et strictement réglementé pour les moins de 18 ans.

Une réglementation très détaillée précise également les limites des charges portées (traînées ou poussées) par les personnes mineures.

Enfin, la loi pose le principe de l'interdiction d'employer des jeunes de moins de 18 ans à des travaux dangereux (travaux sur machine comportant des organes en mouvement, sur cisailles, presse...).

REMARQUE

La loi institue également pour les jeunes salariés des règles particulières en matière de durée de travail (durée journalière, mensuelle, interdiction de travail de nuit, durée de repos obligatoire, repos hebdomadaire...) qu'il est important de connaître.

Emploi des femmes

173 Le principe d'égalité professionnelle des hommes et des femmes n'a pas de portée absolue. Si le travail de nuit des femmes est aujourd'hui autorisé, certaines dispositions subsistent soit pour interdire l'accès à certains emplois, soit pour protéger la femme enceinte.

Certains travaux sont, par leur nature, interdits aux femmes (mercure, silice, jet de sable, marteau-piqueur à air comprimé, travaux souterrains dans les mines ou carrières).

Par ailleurs, comme pour les jeunes salariés, la loi fixe les limites des charges qui peuvent être portées, traînées ou poussées par les femmes.

Leur affectation aux étalages des magasins est également et précisément réglementée.

Existe aussi une interdiction d'emploi des femmes enceintes ou venant d'accoucher. Elle est posée aux articles L. 122-26, L. 122-26-1 et L. 224-1 du Code du travail, et s'applique pendant toute la durée du congé de maternité, soit :

Situation de la salariée	Durée du congé prénatal	Durée du congé postnatal
Naissance portant le nombre d'enfants à :		
– 1 ou 2	6 semaines	10 semaines
– 3 ou plus	8 semaines	18 semaines
Naissance de :		
– jumeaux	12 semaines	22 semaines
– triplés ou plus	24 semaines	22 semaines

Comme pour les jeunes salariés, la loi institue des règles spécifiques aux femmes en matière de durée du travail (non-application des dérogations permanentes à la règle du repos hebdomadaire, congés supplémentaires accordés aux mères de famille de moins de 21 ans...) qu'il est important de connaître.

Limitation des cumuls d'emplois

Dans le secteur privé

174 Si la loi n'interdit nullement l'exercice par le même salarié de plusieurs activités rémunérées chez des employeurs distincts, le Code du travail rappelle toutefois que les cumuls horaires du salarié ne peuvent dépasser la durée maximale du travail autorisée.

Cette durée maximale s'entend de la durée maximale hebdomadaire soit une durée moyenne de 44 heures par semaine sur une période de douze semaines dans la limite maximale de 48 heures par semaine.

EXEMPLE

Un salarié travaille 20 heures par semaine pour un employeur et 23 heures pour un autre, soit 43 heures par semaine. Il pourra cumuler ses emplois puisque, quelle que soit la période de 12 semaines consécutives considérée, le temps de travail hebdomadaire moyen sera de 43 heures. Si l'un de ses employeurs veut lui faire effectuer des heures complémentaires, ce sera dans la limite d'une heure par semaine chez l'un ou l'autre employeur, portant la durée moyenne du travail sur 12 semaines consécutives à 44 heures.

175 Cette règle n'est cependant pas applicable aux :

- travaux d'ordre scientifique, littéraire ou artistique et les concours apportés aux œuvres d'intérêt général, notamment d'enseignement, d'éducation ou de bienfaisance;
- travaux effectués pour son propre compte ou à titre gratuit sous forme d'une entraide bénévole;
- travaux ménagers de peu d'importance effectués chez des particuliers pour leurs besoins personnels;
- travaux d'extrême urgence dont l'exécution immédiate est nécessaire pour prévenir des accidents imminents ou organiser des mesures de sauvetage.

IL A ÉTÉ JUGÉ

Il a été jugé qu'en cas de cumul illicite de deux contrats de travail, le second contrat de travail conclu n'est pas nul. En revanche, le salarié est tenu de choisir entre ses différents emplois. À défaut de choix, l'employeur est tenu de mettre en œuvre une procédure de licenciement, mais n'est pas dispensé du paiement des salaires (Cass. soc., 31 janvier 1996, n° 92-40.944).

Dans le secteur privé et le secteur public

176 L'article L. 324-1 du Code du travail interdit à certaines catégories de salariés du secteur public d'occuper un emploi privé rétribué ou d'effectuer à titre privé un travail moyennant rémunération.

Sont visés par cette interdiction :

- les fonctionnaires, agents et ouvriers des services publics de l'État, des départements et des communes, offices et établissements publics ;
- les personnels commissionnés aux titulaires de la société nationale des chemins de fer français ou des réseaux de chemins de fer d'intérêt local et autres services concédés, compagnies de navigation aériennes et maritimes subventionnées, régies municipales et départementales, directes ou indirectes ;
- le personnel titulaire des organismes de Sécurité sociale.

2. Embauche de salariés étrangers

Étrangers ressortissants de l'Union européenne

177 Les ressortissants d'un État membre de l'Union européenne, de l'Espace économique européen ou de la Suisse peuvent, au titre de la liberté de circulation des travailleurs, exercer une activité professionnelle sur l'ensemble des territoires concernés, sans restriction.

Il n'est donc pas nécessaire qu'ils obtiennent une autorisation de travail.

Sont concernés les ressortissants des pays suivants : Allemagne, Autriche, Belgique, Chypre, Danemark, Espagne, Finlande, Grèce, Irlande, Islande, Italie, Liechtenstein, Luxembourg, Malte, Norvège, Pays-Bas, Portugal, Royaume-Uni et Suède.

REMARQUE

Les ressortissants de l'Estonie, la Lettonie, la Lituanie, la Hongrie, la Pologne, la République tchèque, la Slovaquie, la Slovénie, la Bulgarie et la Roumanie restent tenus d'obtenir une autorisation de travail. Toutefois, dans 61 métiers appartenant aux secteurs professionnels du bâtiment et travaux publics, de l'hôtellerie-restauration-alimentation, de l'agriculture, de la mécanique et du travail des métaux, de l'industrie de process, du commerce et de la vente et de la propreté, la situation de l'emploi ne leur est pas opposable et la délivrance d'un titre de travail est facilitée.

Étrangers ressortissants d'un pays hors Union européenne

178 Les personnes ressortissantes d'un État n'appartenant pas à l'Union européenne ou à l'Espace économique européen sont tenues de justifier d'une autorisation de travail au moment de la conclusion du contrat de travail.

Il peut s'agir :

– d'une carte de résident, valable dix ans, autorisant son titulaire à exercer la profession de son choix sur l'ensemble du territoire national;

- d'une carte de séjour temporaire mention « salarié » ou « travailleur temporaire », valable un an, autorisant l'exercice d'une activité professionnelle donnée dans un secteur géographique délimité ;
- d'une carte de séjour temporaire mention « travailleur saisonnier », valable trois ans au plus, autorisant son titulaire à exercer des travaux saisonniers pendant six mois au plus sur une période de douze mois consécutifs ;
- d'une carte de séjour temporaire mention « salarié en mission », valable trois ans au plus, autorisant son titulaire à exercer son activité dans le cadre d'un détachement entre entreprises ;
- d'une carte de séjour « scientifique », délivrée à l'étranger aux fins de mener des travaux de recherche ou de dispenser un enseignement de niveau universitaire dans le cadre d'une convention d'accueil signée avec un organisme public ou privé ayant une mission de recherche ou d'enseignement supérieur préalablement agréé ;
- d'une carte de séjour « profession artistique et culturelle », délivrée à un artiste-interprète ou à un auteur d'œuvre littéraire ou artistique, titulaire d'un contrat de plus de trois mois passé avec une entreprise ou un établissement dont l'activité principale comporte la création ou l'exploitation d'une œuvre de l'esprit ;
- d'une carte de séjour « compétences et talents », valable trois ans au plus, destinée à l'étranger susceptible de participer, du fait de ses compétences et de ses talents, de façon significative et durable, au développement économique ou au rayonnement intellectuel, scientifique, culturel, humanitaire ou sportif de la France et du pays dont il a la nationalité ;

– d'une carte de séjour « étudiant », valable un an, autorisant son titulaire à exercer une activité professionnelle dans la limite de 60 % de la durée annuelle du travail;
– d'une carte de séjour « stagiaire », valable un an, autorisant la poursuite d'un stage dans le cadre d'une convention;
– d'un titre de séjour provisoire assorti d'une autorisation provisoire de travail.

REMARQUE

Les travailleurs de nationalité algérienne sont soumis à un régime particulier. Ils doivent justifier, pour pouvoir exercer une activité professionnelle en France, d'un certificat de résidence, d'une durée de validité de un ou dix ans, ou d'une autorisation provisoire de travail ou d'un contrat de travail saisonnier.

179 L'employeur doit vérifier auprès de l'administration compétente que le salarié recruté, s'il est de nationalité étrangère, est titulaire du titre l'autorisant à exercer une activité professionnelle. L'employeur n'est cependant pas obligé d'accomplir cette vérification lorsque le salarié recruté était inscrit sur la liste des demandeurs d'emploi tenue par l'ANPE, dans la mesure où cet organisme s'assure déjà obligatoirement de la validité de l'autorisation de travail.

REMARQUE

L'emploi d'un salarié étranger non titulaire d'un titre de travail est un délit passible d'une amende de 15 000 euros au plus, par étranger concerné, et d'une peine d'emprisonnement de cinq ans au plus.
En outre, une contribution spéciale d'un montant au moins égal à 500 fois le taux horaire du salaire minimum garanti (soit 4 135 euros au 1er janvier 2007), portée à 5 000 fois (soit

41 350 euros au 1er janvier 2007) en cas de récidive, doit être versée à l'Agence nationale de l'accueil des étrangers et des migrations : www.anaem.social.fr
Enfin, en cas d'accident du travail ou de maladie professionnelle survenu au salarié étranger démuni d'autorisation de travail, l'employeur doit rembourser, aux organismes de Sécurité sociale, les prestations versées à ce titre à l'intéressé.

---

3. Obligation d'emploi de travailleurs handicapés

180 Les entreprises d'au moins 20 salariés sont tenues d'employer les bénéficiaires de cette obligation d'emploi dans une proportion fixée à 6 % de leur effectif. Les catégories de salariés visées sont les suivantes :

- salariés reconnus handicapés par les commissions des droits et de l'autonomie des personnes handicapées (CDAPH) ;
- victimes d'accidents du travail ou maladies professionnelles titulaires d'une rente versée par tout régime de protection sociale obligatoire en raison d'une incapacité permanente au moins égale à 10 % ;
- titulaires d'une pension d'invalidité versée par tout régime de protection sociale obligatoire, dont la capacité de travail ou de gain est réduite d'au moins 2/3 ;
- anciens militaires et assimilés titulaires d'une pension militaire d'invalidité ;
- veuves de guerre non remariées titulaires d'une pension militaire ;
- orphelins de guerre âgés de moins de 21 ans et mères veuves non remariées ou célibataires dont respectivement le père ou l'enfant est décédé des suites d'une blessure de guerre ;

- veuves de guerre remariées ayant au moins un enfant à charge issu du mariage avec le militaire ;
- femmes d'invalides internés pour aliénation mentale imputable à un service de guerre ;
- sapeurs-pompiers volontaires titulaires d'une rente d'invalidité ;
- titulaires de la carte d'invalidité ou de l'allocation aux adultes handicapés.

181 Les bénéficiaires de l'obligation d'emploi de travailleurs handicapés sont décomptés conformément aux dispositions communes de l'article L. 620-10 du Code du travail, au *prorata* de leur présence dans l'entreprise durant l'année écoulée. Toutefois, par exception à cette règle, l'article L. 324-3 du Code du travail retient que tout bénéficiaire de l'obligation d'emploi de travailleurs handicapés présent au moins six mois au cours des douze derniers mois compte pour une unité pleine, quelles que soient la forme ou la durée de son contrat de travail (sauf contrat de travail ou mise à disposition par une entreprise extérieure).

Les entreprises peuvent toutefois se libérer partiellement de cette obligation d'emploi en passant des contrats de sous-traitance ou de prestations de services avec des ateliers protégés, des centres de distribution de travail à domicile ou des établissements et services d'aide par le travail (ESAT, anciennement CAT).

182 En outre, la négociation d'un programme d'actions en faveur des travailleurs handicapés peut, sous certaines conditions, exonérer totalement l'entreprise de son obligation d'emploi.

Enfin, l'entreprise peut s'exonérer de cette obligation d'emploi en versant, avant le 15 février de chaque année, une contribution volontaire au fonds de développement pour l'insertion professionnelle des handicapés. Son montant est égal à 600 fois le SMIC horaire par travailleur handicapé manquant (soit 4 962 euros au

1er janvier 2007), ce montant étant porté à 1 500 fois le SMIC horaire par travailleur handicapé manquant (soit 12 405 euros au 1er janvier 2007) après trois années successives de versement de la contribution libératoire.

SE RENSEIGNER

Consultez le site www.handicap.gouv.fr ou celui de l'Association nationale pour la gestion du fonds d'insertion professionnelle des handicapés AGEFIPH : www.agefiph.fr

4. Priorités de réembauche

183 Certains salariés, dont le contrat a été préalablement rompu pour des causes diverses, bénéficient d'une priorité de réembauche.

C'est le cas :

- du salarié licencié pour motif économique qui dispose, dans l'entreprise qui l'a licencié, d'une priorité de réembauche pendant un an à compter du licenciement pour tout poste disponible correspondant à sa qualification, à la condition d'en avoir fait la demande dans l'année suivant la rupture du contrat. Cette disposition s'applique également au salarié ayant adhéré à une convention de conversion (art. L. 322-14 du Code du travail);
- du salarié ayant démissionné après un congé postnatal pour élever un enfant (hors congé parental); il peut, dans l'année qui suit sa démission, demander à bénéficier d'une priorité de réembauche valable un an à compter de cette demande (art. L. 122-28 du Code du travail).

5. Les limites conventionnelles à l'embauche

184 L'entrée en fonction du salarié recruté peut être empêchée ou retardée en raison de ses précédents engagements contractuels. Il convient donc de vérifier que le salarié est libre de toute obligation.

La clause d'exclusivité

185 La clause d'exclusivité interdit à un salarié d'exercer toute autre activité professionnelle que celle définie au contrat de travail (voir n° 342). Par conséquent, dans l'hypothèse du recrutement d'un salarié déjà lié à un autre employeur par un contrat de travail, il conviendra de vérifier l'absence de ce type de clause.

La clause de non-concurrence

186 La clause de non-concurrence interdit à un salarié qui quitte l'entreprise d'exercer une activité salariée ou indépendante concurrençant directement son ancien employeur pour une durée et dans un secteur géographique donnés (voir n° 335).

2. Choisir le contrat adapté à sa situation

Contrat de travail à durée indéterminée

C'est le contrat de travail de droit commun. Par opposition au contrat de travail à durée déterminée, il correspond à une embauche sur un emploi durable lié à l'activité normale et permanente de l'entreprise.

201 Cette formule est parfaitement adaptée lorsque le recrutement a pour objet de pourvoir durablement un emploi lié à l'activité normale et permanente de l'entreprise.

Si la conclusion du contrat ne pose pas de difficulté particulière, la rupture du contrat, elle, est encadrée.

1. Conclusion du contrat de travail

202 Le contrat de travail à durée déterminée n'est pas nécessairement écrit, même si pour des facilités de preuve, en cas de contentieux, il est préférable de rédiger un document.

Le contenu du contrat de travail à durée indéterminée est laissé à la libre appréciation des parties qui vont en négocier les différents points dans les limites de la loi et de la convention collective ou des accords collectifs applicables : temps de travail, salaire minimal, période d'essai...

SE RENSEIGNER

Deux modèles de contrats de travail à durée indéterminée sont proposés en fin d'ouvrage.

2. Rupture du contrat de travail à durée indéterminée

203 Conformément aux dispositions de droit commun interdisant les engagements perpétuels, les parties sont libres de rompre le contrat de travail à durée indéterminée, soit d'un commun accord, soit unilatéralement dans le cadre d'une démission (initiative du salarié) ou d'un licenciement (initiative de l'employeur).

Démission

204 Tout salarié est libre de démissionner sans avoir à justifier sa décision. Il est en revanche tenu de respecter un préavis dont la durée, variable en fonction de son ancienneté, est fixée par la convention collective ou, à défaut, par les usages de la profession.

Sauf accord de l'employeur, le salarié qui ne respecte pas son obligation de préavis peut être tenu d'indemniser son employeur.

SE RENSEIGNER

Les conventions collectives de travail sont disponibles sur le site www.legifrance.gouv.fr. Autre possibilité : appeler les directions départementales du travail, de l'emploi et de la formation professionnelle ainsi que les différentes organisations professionnelles au sein de la branche d'activité (chambre syndicale, fédération...).

205 Le salarié démissionnaire n'a droit à aucune indemnité de rupture spécifique. Il quitte l'entreprise avec le paiement du salaire du mois en cours, ainsi que des jours de congés payés acquis et non encore utilisés. Hormis quelques hypothèses particulières, il ne bénéficie pas, en principe, du droit au chômage.

Licenciement

206 L'employeur peut rompre unilatéralement le contrat de travail à durée indéterminée à condition de justifier d'une cause réelle et sérieuse de licenciement.

La cause peut être personnelle : faute du salarié, insuffisance professionnelle, défaut de résultats...

Elle peut aussi être économique et, dans ce cas, elle est strictement limitée aux motifs suivants : difficultés économiques, mutations technologiques, réorganisation de l'entreprise dans le but de sauvegarder sa compétitivité et cessation de l'activité de l'entreprise.

Dans tous les cas, l'employeur est tenu de respecter une procédure de licenciement plus ou moins longue et complexe selon le cas envisagé.

Lorsque le salarié est licencié, il a droit à un délai de préavis d'une durée variable selon son ancienneté fixé, à défaut de précisions conventionnelles plus favorables, par la loi comme suit :

- ancienneté inférieure à six mois : la durée est fixée librement par la convention collective;
- ancienneté comprise entre six mois et moins de deux ans : un mois;
- ancienneté égale ou supérieure à deux ans : deux mois.

207 Par ailleurs, le salarié licencié, justifiant d'une ancienneté ininterrompue de deux ans chez le même employeur, a droit, sauf faute grave, à une **indemnité de licenciement** qui ne saurait être inférieure aux montants suivants :

- licenciement pour motif personnel : $1/10^e$ de mois de salaire par année d'ancienneté pour les dix premières années puis $1/10^e + 1/15^e$ de mois de salaire pour les années au-delà de la dixième;
- licenciement pour motif économique : $2/10^e$ de mois de salaire par année d'ancienneté pour les dix premières années puis $2/10^e + 2/15^e$ de mois de salaire pour les années au-delà de la dixième.

Le **salaire mensuel de référence** est égal à $1/12^e$ de la rémunération brute des douze derniers mois précédant le licenciement ou, si la formule est plus avantageuse pour le salarié, au 1/3 de la rémunération brute des trois derniers mois.

EXEMPLE

Un salarié a douze ans d'ancienneté. Il est licencié en janvier 2007.
Il a perçu de janvier à septembre 1 500 euros par mois, et d'octobre à décembre 1 800 euros.

Moyenne des douze derniers mois : 1 575 euros.
Moyenne des trois derniers mois : 1 800 euros.
Le salaire de référence est donc de 1 800 euros.
Le montant de l'indemnité de licenciement en cas de motif personnel est égal à :
$10 \times (1\,800/10) + 2 \times (1\,800/10 + 1\,800/15) = 2\,400$ euros
Le montant de l'indemnité de licenciement en cas de motif économique est égal à :
$10 \times (1\,800 \times 2/10) + 2 \times [(1\,800 \times 2/10) + (1\,800 \times 2/15)]$
$= 4\,800$ euros

Le salarié licencié bénéficie également, lorsqu'il quitte l'entreprise, du paiement des **jours de congés acquis** non encore utilisés.

Quel que soit le motif de son licenciement, il bénéficie des prestations du régime d'assurance chômage.

Contrat de travail à durée déterminée et travail temporaire

Le recours au CDD doit rester exceptionnel. Le Code du travail délimite donc avec précision les cas de recours autorisant la conclusion de ce type de contrat et en limite strictement la durée. Les règles du contrat à durée déterminée sont également applicables au travail temporaire (intérim).

1. Quand peut-on embaucher en CDD ?

210 De manière générale, il est interdit de recourir au contrat à durée déterminée pour pourvoir durablement un emploi lié à l'activité normale et permanente de l'entreprise. L'article L. 122-1-1 du Code du travail n'autorise donc la conclusion d'un contrat à durée déterminée que dans les hypothèses suivantes.

REMARQUE

La conclusion d'un CDD est interdite dans les cas de **remplacement d'un salarié gréviste**, de **travaux dangereux** et dans tout établissement ayant procédé dans les six mois précédents à un **licenciement pour motif économique**. Dans ce dernier cas, l'interdiction se limite à la conclusion d'un contrat à durée déterminée pour accroissement temporaire de l'activité.

Remplacement d'un salarié absent

211 Il est possible de conclure un contrat à durée déterminée quel que soit le motif de l'absence du salarié : maladie, maternité, congés payés...

Il est également possible de recourir à ce type de contrat de travail pour compléter l'activité d'un salarié passant provisoirement à temps partiel.

Par ailleurs, un contrat à durée déterminée peut être conclu alors même que le salarié remplacé a définitivement quitté l'entreprise si le poste de travail doit être supprimé au plus tard dans les deux ans ou en cas d'attente de l'entrée en service effective d'un salarié recruté par contrat à durée indéterminée.

Un modèle de contrat est proposé en fin d'ouvrage.

Accroissement temporaire de l'activité de l'entreprise

212 Il peut s'agir d'un accroissement exceptionnel et temporaire de l'activité, d'une commande exceptionnelle à l'exportation, de la réalisation de travaux urgents mais également d'un accroissement limité dans le temps, fut-il cyclique, de l'activité habituelle de l'entreprise.

Un modèle de contrat est proposé en fin d'ouvrage.

Emplois à caractère saisonnier

213 Il est possible de conclure un contrat à durée déterminée dans une entreprise ayant une activité saisonnière pour pourvoir un emploi temporaire lié à cette activité.

L'activité saisonnière de l'entreprise est définie comme une activité appelée à se répéter chaque année, à dates à peu près fixes, en fonction du rythme des saisons ou du mode de vie collectif.

Un modèle de contrat est proposé en fin d'ouvrage.

Emplois pour lesquels il est d'usage constant de ne pas recourir au CDI

214 Le Code du travail autorise, dans certains secteurs d'activité, le recours au contrat à durée déterminée pour des emplois pour lesquels il est d'usage de ne pas recourir au contrat à durée indéterminée.

Les secteurs concernés sont :
- les exploitations forestières;
- la réparation navale;
- le déménagement;
- l'hôtellerie et la restauration;

- les spectacles;
- l'action culturelle;
- l'audiovisuel;
- l'information;
- la production cinématographique;
- l'enseignement;
- les activités d'enquête et de sondage;
- l'édition phonographique;
- les centres de loisirs et de vacances;
- l'entreposage et le stockage de la viande;
- le sport professionnel;
- le bâtiment et les travaux publics pour les chantiers à l'étranger ;
- les activités de coopération, d'assistance technique, d'ingénierie et de recherche à l'étranger;
- les activités exercées dans le cadre de l'article L. 129-1 (services à la personne);
- la recherche scientifique réalisée dans le cadre d'une convention internationale, d'un arrangement administratif international pris en application d'une telle convention ou par des chercheurs étrangers résidant temporairement en France.

Seuls les emplois de ces secteurs d'activité bénéficiant d'un usage prévoyant qu'ils ne sont pas habituellement pourvus en contrat à durée indéterminée peuvent faire l'objet d'un contrat à durée déterminée.

Un modèle de contrat est proposé en fin d'ouvrage.

Remplacement du chef d'entreprise

215 Le chef d'une entreprise artisanale, industrielle ou commerciale, le chef d'une exploitation agricole (son aide familial, un associé de l'exploitation) ou une personne exerçant une profession libérale peut, en cas d'absence, ou en cas d'absence de son conjoint participant effectivement à l'activité de l'entreprise à titre professionnel et habituel, être remplacé par un salarié recruté en contrat à durée déterminée.

Politique de l'emploi

216 Au cas par cas, le législateur peut autoriser la conclusion de contrats à durée déterminée dans le cadre de la politique de l'emploi ou pour assurer un complément de formation professionnelle.

Salarié âgé : le CDD « senior »

217 Dans le cadre de la politique de l'emploi, l'employeur peut recourir au CDD pour embaucher un salarié âgé de 57 ans et plus inscrit depuis plus de trois mois comme demandeur d'emploi ou bénéficiant d'une convention de reclassement personnalisé.

Le CDD « senior » peut être conclu pour une durée maximale initiale de dix-huit mois, renouvelable une fois pour une durée totale de contrat limitée à trente-six mois.

2. Durée du contrat à durée déterminée

218 Par nature temporaire, le contrat à durée déterminée est limité à dix-huit mois, renouvellement compris.

Le renouvellement n'est possible qu'une seule fois.

Cette durée maximale, qui n'est pas applicable à l'hypothèse du remplacement d'un salarié absent, est portée à vingt-quatre mois lorsque le salarié est recruté sur un poste appelé à disparaître ou en cas de commande à l'exportation (la durée minimale du contrat dans ce dernier cas est de six mois).

La durée maximale est ramenée à neuf mois en cas d'embauche dans l'attente d'un salarié recruté en contrat à durée indéterminée sur le même poste ou lorsque le contrat est conclu pour réaliser des travaux urgents liés à la sécurité.

REMARQUE

En cas de succession de CDD sur un même poste, un délai de carence doit être respecté. Il doit correspondre au tiers de la durée du contrat (calculé en jours ouvrables) si la durée du CDD est supérieure ou égale à quatorze jours.

Si la durée du CDD est inférieure à quatorze jours, le délai de carence doit correspondre à la moitié de la durée du contrat renouvellement inclus.

Il existe des exceptions : CDD de remplacement d'un salarié absent, CDD d'usage...

3. Rupture du contrat à durée déterminée

219 Par principe, le contrat à durée déterminée ne peut être rompu avant son terme, que celui-ci soit incertain (réalisation d'un événement comme le retour du salarié remplacé par exemple) ou précisément fixé.

Toutefois, la loi prévoit que le contrat à durée déterminée peut être rompu avant son terme en cas de faute grave, de commun accord des parties, de force majeure ou du fait du salarié qui peut justifier d'une embauche en contrat à durée indéterminée.

REMARQUE

Dans le cas d'une rupture anticipée jugée comme abusive, l'employeur, s'il est à l'initiative de la rupture, sera tenu, par décision de justice, de verser au salarié des dommages et intérêts d'un montant au moins égal aux rémunérations qu'il aurait perçues jusqu'au terme du contrat.

220 Lorsque le contrat à durée déterminée prend fin à son terme, le salarié qui quitte l'entreprise a droit à une **indemnité de précarité égale** à 10 % des rémunérations brutes perçues ainsi qu'à une **indemnité compensatrice de congés payés**.

Le terme peut être fixé de manière précise lorsque sa date est connue ou de manière incertaine lorsque la date de l'événement qui mettra fin au contrat (le retour du salarié remplacé, par exemple) n'est pas encore connue.

	Cas de recours	Terme précis ou incertain	Durée maximale renouvellement compris
Remplacement du salarié	Remplacement d'un salarié absent ou dont le contrat de travail a été suspendu (congés, absence pour maladie ou accident du travail)	Incertain ou précis	Jusqu'au retour du salarié remplacé
	Attente de l'entrée en service d'un salarié recruté sous CDI	Incertain ou précis	9 mois
	Remplacement d'un salarié dont le départ définitif précède la suppression de son poste	Précis	24 mois
Variations d'activité	Accroissement temporaire de l'activité habituelle de l'entreprise	Précis	18 mois
	Tâche occasionnelle non durable ne relevant pas de l'activité normale de l'entreprise.	Précis	18 mois

(suite)	Cas de recours	Terme précis ou incertain	Durée maximale renouvellement compris
Variations d'activité	Commande exceptionnelle à l'exportation	Précis	24 mois (6 mois minimum)
	Travaux urgents liés à la sécurité (pour prévenir les accidents imminents)	Précis	9 mois
Emplois par nature temporaire	Emplois saisonniers : – travaux appelés à se répéter chaque année – à date fixe, en fonction du rythme des saisons	Incertain ou précis	Fin de la saison (8 mois maximum)
	Emplois pour lesquels il est d'usage de recourir au CDD (ex. : extras dans la restauration)	Incertain ou précis	Réalisation de l'objet pour lequel il a été conclu ou 18 mois
Autres cas de recours	Contrats conclus dans le cadre de la politique de l'emploi (ex. : CIE, contrat d'apprentissage, contrat de professionnalisation)	Précis	Variable selon le contrat Attention règle de renouvellement particulière pour les contrats en alternance
	Contrats conclus pour assurer un complément de formation professionnelle	Précis	24 mois

Contrat « Nouvelles Embauches »

Réservé aux entreprises de moins de 20 salariés, le CNE est un contrat à durée indéterminée. Soumis, en principe, aux dispositions du Code du travail, il se caractérise par une période de « consolidation » de deux ans pendant laquelle les règles normalement applicables à la rupture du CDI sont écartées.

1. Conditions de conclusion du contrat « nouvelles embauches »

225 Le contrat « nouvelles embauches » est un contrat à durée indéterminée, obligatoirement écrit, réservé aux entreprises employant moins de 20 salariés.

Les salariés titulaires d'un contrat à durée indéterminée sont pris intégralement en compte dans l'effectif de l'entreprise.

Les salariés en contrat à durée déterminée, en contrat de travail temporaire ou en contrat à durée indéterminée intermittent, sont pris en compte au *prorata* de leur temps de présence au cours des douze derniers mois, sauf en cas de remplacement d'un salarié absent ou dont le contrat de travail est suspendu.

Enfin, les salariés à temps partiel sont pris en compte en divisant la somme des horaires inscrits dans leur contrat de travail par la durée légale ou conventionnelle du travail.

SE RENSEIGNER

Un modèle de CNE vous est proposé à la fin de ce guide.

2. Procédure de rupture du contrat « nouvelles embauches »

226 Pendant une période initiale de deux ans appelée « période de consolidation », l'employeur a la possibilité de vérifier la pérennité de l'emploi sur lequel a été affecté le salarié recruté.

L'employeur qui entend rompre le contrat « nouvelles embauches » durant les deux premières années n'est donc pas tenu de respecter les règles du droit du licenciement.

Il est dispensé d'expliciter la cause réelle et sérieuse du licenciement.

De même, il n'est pas obligé de convoquer le salarié à un entretien préalable à son licenciement. Seule doit lui être adressée, par **lettre recommandée avec demande d'avis de réception,** la notification de la rupture du contrat de travail.

REMARQUE

Lorsque l'employeur invoque une faute du salarié à l'appui de la rupture du CNE, il doit respecter la procédure de droit commun du licenciement pour motif disciplinaire des articles L. 122-40 et suivants du Code du travail.

227 La présentation de cette lettre au salarié fait courir un **préavis** dont la durée varie en fonction de son ancienneté :

- si le salarié a une ancienneté inférieure à un mois, aucun préavis n'est dû ;
- si le salarié a une ancienneté comprise entre un et six mois, le préavis est d'une durée de deux semaines ;
- si le salarié a une ancienneté comprise entre six mois et deux ans, le préavis est d'une durée d'un mois.

Toutefois, l'employeur n'est pas tenu de respecter ce préavis en cas de faute grave du salarié ou en cas de force majeure.

228 Par ailleurs, l'employeur est également tenu de **verser aux ASSEDIC une contribution d'un montant de 2 %** du total de la rémunération brute versée au salarié depuis la conclusion du contrat de travail. Cette contribution est destinée à financer les actions d'accompagnement renforcé du salarié par le service public de l'emploi en faveur de son retour à l'emploi.

Enfin, l'employeur qui aura rompu un contrat « nouvelles embauches » au cours de la période initiale de deux ans ne pourra conclure un nouveau contrat de ce type avec le même salarié avant un délai de trois mois à compter du jour de la rupture du précédent contrat.

REMARQUE

Au-delà de la période de « consolidation » de deux ans, le contrat « nouvelles embauches » est intégralement soumis aux dispositions du Code du travail y compris en matière de licenciement.

3. Garanties du salarié

229 Sauf faute grave, en cas de rupture du contrat « nouvelles embauches » dans la période de « consolidation », l'employeur est tenu de verser au salarié une **indemnité d'un montant de 8 % du total de la rémunération brute versée** au salarié depuis la conclusion du contrat de travail.

Le salarié dont le contrat « nouvelles embauches » a été rompu bénéficie de **l'assurance chômage.**

230 Dans l'hypothèse où la durée du contrat de travail n'aurait pas permis au salarié de s'ouvrir des droits à l'assurance chômage, celui-ci bénéficie d'un revenu de remplacement financé par l'État à condition de justifier d'une activité continue de quatre mois en contrat « nouvelles embauches ».

Cette **allocation forfaitaire**, d'un montant journalier fixé à 16,40 euros, est versée pendant un mois.

Des actions d'accompagnement renforcé et personnalisé sont mises en place pour le salarié licencié en vue de favoriser son retour à l'emploi.

Contrats de mission

Contrat de travail à durée indéterminée, les contrats de mission présentent la particularité de ne pas être soumis au droit commun du licenciement en cas de rupture au terme de la mission pour laquelle ils ont été conclus.

1. Le contrat de chantier

240 L'article L. 321-12 du Code du travail permet la rupture du contrat de travail à l'achèvement d'un chantier.

Cette faculté repose sur les éléments, implicites ou explicites, suivants :

- le contrat de travail est à durée indéterminée;
- la fin du chantier pour lequel le contrat a été conclu autorise sa rupture lorsqu'elle présente un « caractère normal selon la pratique habituelle et l'exercice régulier de la profession considérée »;
- la rupture du contrat est opérée par voie de licenciement;
- le licenciement est réputé fondé sur une cause réelle et sérieuse non économique.

Cette pratique des professions du bâtiment a donné lieu à des dispositions conventionnelles qui précisent les conditions de rupture des contrats.

241 La **convention collective nationale du bâtiment** du 8 octobre 1990 étendue par arrêté ministériel du 12 février 1991 organise avec précision une consultation des représentants élus du personnel (comité d'entreprise ou, à défaut, délégués du personnel). Les entreprises ont notamment l'obligation de présenter un projet dénombrant les salariés dont le reclassement, interne ou externe, est possible (par mutation, réemploi, action de formation professionnelle continue) et ceux qui ne peuvent l'être et doivent être effectivement licenciés. Les ruptures de contrat sont soumises à la procédure individuelle de licenciement non économique mais sont assorties d'une priorité de réembauchage.

La **convention collective nationale concernant les ouvriers des travaux publics** du 15 décembre 1992 étendue par arrêté ministériel du 27 mai 1993 prévoit des dispositions identiques.

Ces pratiques se sont également développées dans le **secteur de l'ingénierie** : un accord conclu le 8 juillet 1993 prévoit des modalités et des garanties particulières au profit du salarié en cas de licenciement pour « fin de chantier ». D'une manière générale, les entreprises de services, en particulier spécialisées dans les hautes technologies, sont concernées.

SE RENSEIGNER

Pour toute information complémentaire, contacter :
• la Fédération française du bâtiment
33, avenue Kléber, 75784 Paris Cedex 16, tél. : 01 40 69 51 00
www.ffbatiment.fr
• le Syntec
3, rue Léon Bonnat, 75116 Paris, tél. : 08 92 68 49 70
www.syntec.fr

2. Le contrat de mission à l'exportation

242 Le contrat de mission à l'exportation est conclu pour l'exécution d'une « mission effectuée en majeure partie hors du territoire national ».

La durée des missions ne peut être inférieure à six mois.

La conclusion du contrat est subordonnée à la conclusion préalable d'un accord collectif de branche ou d'entreprise qui va déterminer les modalités d'application du dispositif. En conséquence, la consultation préalable des accords applicables dans la branche professionnelle est indispensable pour connaître la faisabilité, les conditions de conclusion et les modalités d'exécution du contrat de mission à l'exportation notamment :

- la nature de la mission;
- les catégories de salariés susceptibles de conclure un contrat de mission à l'exportation;

– les garanties en termes de formation pour les salariés concernés ;
– les contreparties en termes de rémunération et d'indemnité de licenciement accordées aux salariés;
– les mesures indispensables au reclassement des salariés.

S'il s'agit d'un accord de branche, il fixe également la taille et le type d'entreprises susceptibles de conclure des contrats de mission à l'exportation.

Rupture du contrat de mission à l'exportation

Réalisation de l'objectif fixé

243 Le contrat de mission à l'exportation, conclu pour une durée indéterminée, peut cesser une fois l'objectif inscrit au contrat atteint, au plus tôt après six mois d'exécution.

Dans cette hypothèse, l'application de la procédure de licenciement pour motif économique est exclue.

Néanmoins, il est prévu que l'accord collectif de branche ou d'entreprise précise les mesures indispensables au reclassement des salariés ainsi que les dispositions relatives à l'indemnité de licenciement du salarié.

Par ailleurs, l'employeur devra respecter les dispositions de droit commun relatives à la résiliation du contrat de travail à durée indéterminée (entretien préalable, lettre de notification, préavis...).

Rupture anticipée du contrat

244 L'employeur peut toujours licencier le salarié pour un motif indépendant des objectifs de la mission (inaptitude, motif disciplinaire...), y compris avant le terme de la période minimale de six mois.

Contrat de travail intermittent

Ce contrat permet à un employeur, dont l'activité irrégulière connaît par nature des périodes travaillées et non travaillées, d'embaucher des salariés en CDI et non plus seulement dans le cadre de contrats précaires.

1. Conditions de conclusion du contrat

250 Afin de faire face aux fluctuations de l'activité de l'entreprise, l'employeur peut conclure un contrat de travail intermittent (un CDI) avec un salarié lequel connaîtra alternativement des périodes travaillées et non travaillées.

La conclusion de ce contrat très encadré par la loi (voir n° 252) est soumise à la réalisation de certaines conditions.

Un modèle de contrat est proposé dans la partie Annexes & Compléments.

L'activité de l'entreprise

251 L'entreprise doit appartenir à un secteur professionnel qui connaît des fluctuations réelles d'activité tout au long de l'année et qui ne peut pas toujours les fixer avec précision.

Leurs origines sont diverses, comme par exemple :
- le rythme scolaire;
- le tourisme;
- le spectacle;
- le travail saisonnier.

Conditions relatives au contrat

Principe : mise en place subordonnée à l'existence d'un accord collectif

252 Ce contrat ne peut être valablement conclu que si un accord collectif ou une convention collective le prévoit expressément.

Le Code du travail précise que cet accord peut être :
- soit une **convention ou un accord collectif étendu** par arrêté ministériel. Il permet alors à tous les employeurs entrant dans leurs champs d'application territorial et professionnel

de recourir au contrat de travail intermittent. Les employeurs n'ont pas à appartenir à une organisation syndicale signataire de la convention étendue pour en bénéficier;
- soit **un accord d'entreprise** n'ayant pas fait l'objet d'une opposition émanant de la majorité des syndicats non-signataires. Ainsi, dans un délai de huit jours à compter de la signature d'une convention ou d'un accord d'entreprise prévoyant le recours à ce type de contrat, les organisations syndicales représentatives (CGT, FO, CGC, CFDT, CFTC) non-signataires peuvent s'opposer à l'entrée en vigueur de l'accord à la condition d'avoir obtenu les voix de la moitié des électeurs inscrits lors des dernières élections du comité d'entreprise (ou, à défaut, des délégués du personnel). L'opposition des syndicats doit être écrite et motivée. Elle est signifiée aux signataires de la convention ou de l'accord.

Exception : mise en œuvre directe

253 Les entreprises peuvent conclure un contrat de travail intermittent, sans qu'aucune convention ou accord collectif ne le prévoit expressément, dès lors que ce contrat est conclu avec un travailleur handicapé (ordonnance n° 2005-1127 du 8 septembre 2005).

SE RENSEIGNER

AGEFIPH 192, avenue Aristide-Briand, 92226 Bagneux Cedex, tél. 01 46 11 01 55
www.agefiph.fr

2. Droits du salarié intermittent

254 Le salarié intermittent dans l'entreprise se voit reconnaître les mêmes droits que les autres travailleurs à temps complet, sous réserve de dispositions conventionnelles particulières.

Au titre de l'égalité de traitement entre les travailleurs, il bénéficie notamment :

- du même droit à l'ancienneté sachant que les périodes non travaillées sont prises en compte dans le calcul;
- des mêmes avantages salariaux et des mêmes périodes de congés;
- du régime d'assurance-chômage;
- de la qualité d'électeur aux élections professionnelles.

Le salarié intermittent est compris dans l'effectif de la société. Le calcul se fait au *prorata* de son temps de présence.

Contrats de travail en alternance

Les contrats de travail en alternance permettent de combiner une formation théorique et une mise en situation professionnelle en entreprise. Deux types de contrats sont possibles : le contrat d'apprentissage et le contrat de professionnalisation.

1. Le contrat d'apprentissage

260 Il s'agit d'un contrat à durée déterminée qui alterne une formation pratique en entreprise et une formation théorique dans un centre de formation d'apprentis (CFA).

Bénéficiaires

261 Le contrat d'apprentissage est conclu avec un **jeune âgé de 16 à 25 ans inclus** (le jeune d'au moins 15 ans peut souscrire un contrat d'apprentissage s'il a effectué la scolarité du 1er cycle de l'enseignement secondaire) ou s'il atteindra 16 ans avant la fin de l'année civile suivant le début du contrat d'apprentissage.

262 Des **dérogations à la limite d'âge de 25 ans** sont possibles dans quatre cas :

1° – lorsque le contrat fait suite à un contrat d'apprentissage précédemment souscrit et conduit à un niveau supérieur à celui obtenu à l'issue du contrat précédent;

2°– lorsqu'il y a eu rupture de contrat suite à une inaptitude physique et temporaire de l'apprenti ou pour des causes indépendantes de la volonté de celui-ci (cessation d'activité de l'employeur, faute de celui-ci ou manquements répétés à ses obligations, ou en cas de danger pour la santé ou la sécurité de l'apprenti en application de la procédure prévue à l'article L. 117-5-1 du Code du travail);

REMARQUE

Dans ces deux cas, le contrat d'apprentissage doit être souscrit dans un délai maximal d'un an après l'expiration du précédent contrat.

3°– lorsque le contrat est conclu par une personne qui est reconnue comme travailleur handicapé;

REMARQUE

Dans ces trois cas, l'âge de l'apprenti au moment de la conclusion du contrat ne peut être supérieur à 30 ans.

4°– lorsque le contrat est conclu par une personne qui a un projet de création ou de reprise d'entreprise dont la réalisation est subordonnée à l'obtention du diplôme ou titre sanctionnant la formation poursuivie.

REMARQUE

Dans ce dernier cas, un décret à paraître doit préciser l'âge limite au-delà de 25 ans.

Forme et durée du contrat

263 Le contrat d'apprentissage est un contrat à durée déterminée d'une durée variant de un à trois ans en fonction du type de profession et de qualification préparée.

Cependant, la durée du contrat peut être :
- portée à quatre ans s'il s'agit d'un travailleur handicapé;
- variable entre six mois et un an lorsque la formation a pour objet l'acquisition d'un diplôme ou d'un titre :
  - de même niveau et en rapport avec un premier diplôme ou titre obtenu dans le cadre d'un précédent contrat d'apprentissage,
  - de niveau inférieur à un diplôme ou titre déjà obtenu,
  - dont une partie a été obtenue par la validation des acquis de l'expérience,
  - dont la préparation a été commencée sous un autre statut.

264 Pour les contrats conclus pour moins d'un an, le nombre d'heures de formation au CFA est calculé au *prorata* de la durée du contrat.

La durée de la formation dépend du niveau de diplôme préparé. Elle ne peut en aucun cas être inférieure à 400 heures par an, au *prorata* de la durée du contrat. Ainsi, pour un contrat de six mois, la formation en CFA est au moins de 200 heures.

En cas d'obtention du diplôme ou du titre de l'enseignement technologique préparé, le salarié peut mettre fin à son contrat avant le terme fixé initialement, à la condition d'en informer l'employeur par écrit au moins deux mois auparavant.

Déroulement du contrat

Formation de l'apprenti

265 Dans l'entreprise, le jeune est suivi par un maître d'apprentissage qui exerce la fonction de **tuteur**. Celui-ci peut être soit l'employeur, soit un salarié de l'entreprise. La fonction tutorale peut être partagée entre plusieurs salariés; dans ce cas, un maître d'apprentissage référent est désigné pour assurer la coordination de l'équipe et la liaison avec le CFA.

L'employeur doit inscrire et faire participer l'apprenti aux enseignements dispensés par le CFA, ainsi qu'aux épreuves du diplôme ou titre sanctionnant la qualification professionnelle prévue au contrat.

Le temps consacré à la formation au CFA est compris dans le temps de travail.

REMARQUE

L'apprenti peut choisir de suivre des modules de **formation complémentaires** au cycle de formation initial. Ces modules complémentaires pourront avoir lieu dans trois cas :

- lorsque l'apprenti a un projet de création ou de reprise d'une entreprise et qu'il a besoin de modules relatifs à la gestion, à la communication, à l'informatique, au management ou à des langues étrangères;

– lorsque le jeune a un projet qui nécessite une formation qui n'est pas comprise dans la préparation de son diplôme;

– lorsque le jeune souhaite rejoindre le cursus scolaire sans passer par la classe d'adaptation et, pour pouvoir poursuivre des études professionnelles, il a besoin de modules lui facilitant l'entrée dans la formation visée.

Le temps passé à suivre ces modules complémentaires de formation n'est pas décompté, sauf accord de l'employeur, comme du temps de travail effectif.

Conditions de travail

266 L'apprenti bénéficie des mêmes conditions de travail et de protection sociale que les autres salariés de l'entreprise.

Il peut être dérogé à l'interdiction légale de travail des apprentis de moins de 18 ans le dimanche et les jours de fête dans les secteurs pour lesquels des caractéristiques particulières de l'activité le justifient.

La liste en a été fixée par le décret du 13 janvier 2006 et vise la boulangerie, la pâtisserie, la restauration, l'hôtellerie, les spectacles et les courses hippiques, pour l'ensemble des activités liées à la monte et à la mène en course.

Les conditions du travail des apprentis les jours fériés peuvent être définies par une convention ou un accord d'entreprise ou d'établissement, sous réserve que les jeunes mineurs concernés par ces dérogations bénéficient des dispositions relatives au repos hebdomadaire (loi du 2 août 2005 en faveur des petites et moyennes entreprises).

267 En cas d'**embauche à l'issue du contrat d'apprentissage,** aucune période d'essai ne peut être imposée et la durée du contrat d'apprentissage est prise en compte pour le calcul de l'ancienneté du salarié.

REMARQUE

Pour plus de précisions, reportez-vous au livre *Le guide de l'apprentissage* publié dans cette même collection.

2. Le contrat de professionnalisation

268 Ce contrat a pour objectif de favoriser l'insertion ou la réinsertion des jeunes et des demandeurs d'emploi en leur permettant d'accéder à une qualification professionnelle grâce à une action dite de professionnalisation qui allie des enseignements théoriques et une pratique professionnelle en entreprise.

Bénéficiaires

269 Le contrat de professionnalisation s'adresse aux :
- personnes de 16 à 25 ans révolus qui souhaitent compléter leur formation initiale;
- demandeurs d'emploi âgés de 26 ans et plus.

Caractéristiques du contrat

Durée du contrat

270 Il peut s'agir :
- soit d'un contrat à durée indéterminée (CDI) avec une action de professionnalisation comprise entre six et douze mois;
- soit d'un contrat à durée déterminée (CDD) qui correspond à une période d'action de professionnalisation comprise entre six et douze mois.

Une convention ou un accord collectif peut prévoir de prolonger cette durée jusqu'à vingt-quatre mois, notamment pour les personnes sorties du système éducatif sans qualification professionnelle ou lorsque la nature des qualifications visées l'exige.

Durée des actions de formation

271 La durée des actions de formation est comprise entre 15 et 25 % de la durée totale du contrat (s'il s'agit d'un CDD) ou de l'action de professionnalisation (s'il s'agit d'un CDI), sans pouvoir être inférieure à 150 heures.

Un accord de branche peut porter cette durée au-delà de 25 % pour certaines catégories de bénéficiaires :

- les jeunes n'ayant pas achevé un second cycle de l'enseignement secondaire et n'étant pas titulaires d'un diplôme de l'enseignement technologique ou professionnel;
- les personnes visant des formations sanctionnées par un diplôme.

Les actions d'évaluation et d'accompagnement, ainsi que les enseignements généraux, professionnels ou technologiques, peuvent être mis en œuvre par l'entreprise elle-même lorsqu'elle dispose d'un service de formation.

Possibilité de tutorat

272 Pour chaque titulaire d'un contrat de professionnalisation, l'employeur peut choisir un tuteur parmi les salariés qualifiés de l'entreprise.

Le tuteur n'est pas obligatoire, sauf si l'accord de branche en fait une condition préalable. Le décret du 13 septembre 2004 précise que la personne choisie doit être volontaire et justifier d'une expérience professionnelle d'au minimum deux ans dans une qualification en rapport avec l'objectif de professionnalisation visé. L'employeur peut aussi assurer lui-même le tutorat s'il remplit les conditions de qualification et d'expérience précitées.

Les **missions du tuteur** sont les suivantes :

- accueillir, aider, informer et guider le bénéficiaire du contrat de professionnalisation pendant la durée de l'action de professionnalisation;
- veiller au respect de son emploi du temps;
- organiser avec les salariés concernés l'activité de ces personnes dans l'entreprise et contribuer à l'acquisition des savoir-faire professionnels;
- assurer la liaison avec l'organisme ou le service de formation chargé de mettre en œuvre les actions ou les périodes de professionnalisation des bénéficiaires à l'extérieur de l'entreprise;
- participer à l'évaluation du suivi de la formation.

273 Le tuteur ne peut exercer ses fonctions qu'à l'égard d'un **nombre limité de salariés** :

- si le tuteur est lui-même salarié, il ne peut exercer simultanément ses fonctions à l'égard de plus de trois salariés bénéficiaires de contrats de professionnalisation ou d'apprentissage;
- si le tuteur est l'employeur, il ne peut assurer simultanément le tutorat à l'égard de plus de deux salariés bénéficiaires des contrats précités.

REMARQUE

Pour plus de précisions, reportez-vous au livre *Le guide de l'apprentissage* publié dans cette même collection.

3. Rédiger le contrat de travail

Formalisme du contrat de travail

La loi ne retient pas, en principe, l'exigence d'un contrat de travail écrit. Cependant, dans de nombreux cas, la rédaction d'un document écrit est imposée. Il peut être précédé, le cas échéant, d'une promesse d'embauche.

1. Avant le contrat de travail : la promesse d'embauche

301 Le contrat de travail est un contrat « consensuel » : il est formé par le seul échange des consentements de l'employeur et du salarié sur les éléments essentiels de la relation de travail.

En conséquence, l'accord, même verbal, des parties sur l'emploi à pourvoir, le lieu de travail et la rémunération engage les parties. Il constitue une promesse d'embauche qui, en cas de rupture, engage la responsabilité contractuelle de l'employeur tenu d'indemniser le salarié de son préjudice.

La Chambre sociale de la Cour de cassation admet assez facilement l'existence d'une promesse d'embauche. Tel est le cas, par exemple, lorsque le salarié reçoit une lettre datée contenant la confirmation de la proposition d'emploi qui lui a été faite et précisant le lieu de travail et la rémunération, constituant la confirmation d'un engagement verbal et n'appelant pas de confirmation de la part du salarié (Cass. soc., 4 déc. 2001, n° 99-43324).

Les juges admettent même que la rupture de la promesse d'embauche ouvre droit, pour le salarié, à indemnité de préavis même si, de manière générale, la jurisprudence retient habituellement que le salarié a uniquement droit à l'indemnisation de son préjudice (Cass. soc., 6 févr. 2001, n° 98-42356).

2. Un contrat écrit ?

L'information obligatoire du salarié sur les éléments essentiels du contrat

302 Alors que le Code du travail n'impose pas, sauf exception, que le contrat de travail soit obligatoirement écrit, une directive

communautaire du 14 octobre 1991 exige que le salarié soit informé par écrit, dans les deux mois suivant le début du travail, des éléments essentiels du contrat de travail : identité des parties, lieu de travail, titre du salarié ou description sommaire du travail, date de début de contrat, durée ou modalités d'attribution des congés payés, durée du préavis en cas de rupture du contrat, éléments et périodicité de versement du salaire, durée du travail, conventions collectives applicables.

303 Face à cette exigence, les autorités françaises précisent que la remise au salarié d'une **copie de la déclaration unique d'embauche** (voir n° 401) ainsi que la **délivrance mensuelle d'un bulletin de salaire** permettent de satisfaire aux exigences de la directive de 1991.

CONSEIL

Dans un souci de clarté et de sécurité juridique, il est préférable d'établir un contrat de travail écrit. Celui-ci sera obligatoirement rédigé en français, en deux exemplaires datés et signés par les parties y apposant la mention « lu et approuvé ».

L'obligation d'un écrit : cas particuliers

304 Outre l'hypothèse de la convention collective applicable à l'entreprise imposant, le cas échéant, la rédaction du contrat de travail, la loi retient, dans certaines hypothèses, l'exigence d'un contrat de travail écrit.

REMARQUE

Vous trouverez dans la partie Annexes & Compléments de ce guide différents modèles de contrats.

Contrat de travail à durée déterminée

305 Le Code du travail impose que le contrat de travail à durée déterminée soit établi par écrit et transmis au salarié, au plus tard, dans les deux jours ouvrables suivant l'embauche.

Il doit comporter :

- la définition précise de son motif;
- le nom et la qualification de la personne remplacée lorsqu'il est conclu pour le remplacement d'un salarié absent;
- la date d'échéance du terme et, le cas échéant, une clause de renouvellement lorsqu'il comporte un terme précis;
- la durée minimale pour laquelle il est conclu lorsqu'il ne comporte pas de terme précis;
- la désignation du poste de travail en précisant, le cas échéant, si ce poste figure sur la liste des emplois présentant des risques particuliers, de l'emploi occupé ou de la nature des activités auxquelles participe le stagiaire de la formation professionnelle durant son séjour dans l'entreprise;
- l'intitulé de la convention collective applicable, le cas échéant;
- la durée de la période d'essai éventuellement prévue;
- le montant de la rémunération et de ses différentes composantes, y compris, s'il en existe, les primes et accessoires de salaire;
- le nom et l'adresse de la caisse de retraite complémentaire ainsi que, le cas échéant, ceux de l'organisme de prévoyance.

306 **L'omission de l'une de ces mentions** entraîne la **requalification du contrat** de travail à durée déterminée en contrat de travail à **durée indéterminée**.

Toutefois, les juges distinguent les mentions qui conditionnent la validité du contrat et celles qui n'ont qu'un caractère purement informatif. Ainsi, omettre d'indiquer la convention collective applicable ou la caisse de retraite complémentaire n'entraîne pas la requalification du contrat en contrat de travail à durée indéterminée (Cass. soc., 26 oct. 1999, n° 97-42.255; Cass. soc., 28 févr. 2001, n° 98-45.096).

Contrat de travail à temps partiel

307 Qu'il soit à durée déterminée ou indéterminée, le contrat de travail est obligatoirement écrit.

Il mentionne :

- la qualification du salarié;
- les éléments de la rémunération;
- la durée hebdomadaire ou, le cas échéant, mensuelle prévue et, sauf pour les salariés des associations et entreprises d'aide à domicile, la répartition de la durée du travail entre les jours de la semaine ou les semaines du mois;
- les cas dans lesquels une modification éventuelle de la répartition de la durée du travail entre les jours de la semaine ou les semaines du mois peut intervenir ainsi que la nature de cette modification.

308 **Toute modification doit être notifiée au salarié sept jours au moins avant la date à laquelle elle doit avoir lieu.** Ce délai peut être ramené à trois jours voire, en cas d'urgence, être supprimé, par accord collectif, pour les entreprises de services à la personne.

Les modalités selon lesquelles les horaires de travail pour chaque journée travaillée sont communiqués par écrit au salarié.

Les limites dans lesquelles peuvent être effectuées des heures complémentaires au-delà de la durée de travail fixée par le contrat.

REMARQUE

Sauf convention collective contraire, le **nombre d'heures complémentaires** effectuées par un salarié à temps partiel au

cours d'une même semaine ou d'un même mois ne peut être supérieur au dixième de la durée hebdomadaire ou mensuelle de travail prévue dans son contrat. Les heures complémentaires ne peuvent avoir pour effet de porter la durée du travail effectuée par un salarié au niveau de la durée légale du travail ou à la durée fixée conventionnellement.

Contrat de travail nouvelles embauches (CNE)

309 Le contrat de travail nouvelles embauches est un contrat de travail à durée indéterminée écrit comportant mention qu'il s'agit d'un « contrat nouvelles embauches conclu dans le cadre de l'ordonnance n° 2005-893 du 2 août 2005 ».

Contrat de travail intermittent

310 Le contrat de travail intermittent est un contrat à durée indéterminée.

Il mentionne notamment :

- la qualification du salarié;
- les éléments du salaire : un lissage de la rémunération est possible afin de permettre un versement mensuel moyen indépendamment de l'horaire effectué chaque mois;
- la durée annuelle minimale de travail du salarié : le calcul des heures complémentaires se fait sur la base de cette durée contractuelle. La totalité de ces heures ne peut dépasser le tiers de la durée de travail contractualisée, sauf accord du salarié;
- les périodes de travail;
- la répartition des heures pendant les périodes de travail : si la nature de l'activité ne peut permettre une telle précision dans la rédaction, le législateur permet de faire référence à la convention ou à l'accord collectif instituant ledit contrat. Ces dispositions conventionnelles détermineront

notamment les conditions dans lesquelles le salarié peut refuser les dates et heures de travail proposées.

Contrat d'apprentissage

311 Le contrat d'apprentissage est un contrat de travail à durée déterminée. Il est nécessairement écrit, établi sur un formulaire type (voir n° 415) en trois exemplaires datés et signés par l'employeur, l'apprenti et son représentant légal.

SE RENSEIGNER

Pour plus de précisions, reportez-vous au livre *Le guide de l'apprentissage* publié dans cette même collection.
Vous pouvez également consulter le site www.dfc.ccip.fr
Le formulaire peut être téléchargé : www.travail.gouv.fr

Contrat de professionnalisation

312 À durée déterminée ou indéterminée, le contrat de professionnalisation est nécessairement écrit, établi sur un formulaire type (voir n° 416) en trois exemplaires datés et signés par l'employeur, du salarié et, le cas échéant, de son représentant légal.

De plus, un document précisant les objectifs, le programme et les modalités d'organisation, d'évaluation et de sanction de la formation est annexé au contrat de professionnalisation.

De même, les actions d'accompagnement ainsi que les enseignements généraux, professionnels et technologiques mis en place dans le cadre du contrat de professionnalisation par un organisme de formation ou un établissement d'enseignement donnent lieu à la signature, entre l'entreprise et l'organisme de formation ou l'établissement d'enseignement, d'une convention précisant les objectifs, le programme et les modalités d'organisation, d'évaluation et de sanction de la formation.

313 L'employeur adresse le contrat de professionnalisation à **l'organisme paritaire collecteur agréé au titre de l'alternance** au plus tard dans les cinq jours qui suivent le début du contrat. Le contrat est également déposé auprès de la direction départementale du travail, de l'emploi et de la formation professionnelle.

SE RENSEIGNER

Pour plus de précisions, reportez-vous au livre *Le guide de l'apprentissage* publié dans cette même collection. Cet ouvrage comporte une seconde partie qui traite du contrat de professionnalisation.

Le formulaire peut être téléchargé : www.travail.gouv.fr

3. L'information obligatoire sur le statut conventionnel

314 Les salariés doivent être informés des conventions collectives et accords collectifs applicables dans l'entreprise qui les emploie.

Les modalités d'information sont définies par convention de branche ou accord professionnel. À défaut, le salarié reçoit de l'employeur, au moment de l'embauche, une notice d'information relative aux textes conventionnels applicables dans l'entreprise ou l'établissement.

En outre, l'employeur tient un exemplaire à jour de cette convention ou accord collectif à la disposition du personnel sur le lieu de travail. Un avis est affiché à ce sujet.

Enfin, dans les entreprises dotées d'un intranet, l'employeur met sur celui-ci, à disposition des salariés, un exemplaire à jour de la convention ou de l'accord collectif de travail auquel il est soumis.

Contenu du contrat de travail

Hormis les mentions obligatoires que doivent comporter les contrats réglementés et sauf dispositions conventionnelles contraires, la rédaction du contrat de travail est libre. Certaines clauses sont interdites. D'autres, spécifiques, peuvent être stipulées, en fonction du type d'activité de l'entreprise ou des caractéristiques de l'emploi considéré.

1. Les clauses interdites

320 De manière générale, les clauses du contrat de travail ne peuvent porter atteinte aux droits et libertés fondamentaux des salariés, contredire les dispositions impératives du Code du travail ou être moins favorables que les dispositions conventionnelles.

321 Par ailleurs, le Code du travail prohibe explicitement certaines clauses parmi lesquelles :

- les **clauses dites de « sécurité syndicale »** : ces clauses qui imposent d'adhérer à un syndicat voire, le cas échéant, au syndicat choisi par l'employeur, portent atteinte à la liberté syndicale des salariés et sont donc nulles;
- les **clauses attributives de juridiction** : les parties ne peuvent déroger par contrat aux règles régissant les compétences géographiques et d'attribution des conseils de prud'hommes;
- les **clauses compromissoires** : les parties ne peuvent prévoir à l'avance de soumettre leurs différends à venir à l'appréciation d'un arbitre extra-judiciaire;
- les clauses dérogeant au principe de **l'égalité professionnelle** et, notamment, à celui de l'égalité de rémunération;
- les **clauses « couperets » de mise à la retraite** : le contrat de travail ne peut prévoir que la rupture du contrat de travail sera automatiquement acquise dès lors que le salarié aura atteint un âge défini dans le contrat;
- les **clauses d'indexation automatique des salaires** : le salaire étant fixé librement par les parties dans le respect des minima légaux ou conventionnels, le Code du travail prohibe toute indexation (spécialement l'indexation sur le SMIC) et révision automatique de la rémunération.

2. Les clauses habituelles

322 Lorsque le contrat de travail est écrit, il l'est nécessairement en français lorsqu'il s'exécute en France.

Une traduction peut être demandée par le salarié qui ne parle pas le français et seule cette version traduite lui sera opposable.

En général, il est possible et même souhaitable d'indiquer l'identité complète de l'employeur et celle du salarié, le(s) lieu(x) d'exécution du travail, le poste occupé, la date de début du contrat, la durée hebdomadaire, voire journalière de travail, les éléments de rémunération, ainsi que la convention collective applicable, le cas échéant.

En cas d'absence de contrat écrit comportant ces mentions, l'employeur est tenu de délivrer au salarié une copie de la déclaration unique d'embauche faite auprès de l'Urssaf (voir n° 401).

3. Les clauses spécifiques

323 Les spécificités de l'emploi à pourvoir ou de l'activité de l'entreprise peuvent conduire les parties à convenir de clauses spécifiques : période d'essai, clause de non-concurrence, clause d'exclusivité, clause de mobilité, clause de dédit-formation, clauses de garantie d'emploi...

Dans la mesure où elles peuvent porter atteinte aux droits fondamentaux des salariés (liberté du travail, droit au respect de la vie privée et familiale), ces clauses sont strictement encadrées. De manière générale, elles ne peuvent porter aux droits fondamentaux des salariés une atteinte qui ne serait pas justifiée par la nature de la tâche à accomplir et proportionnée au but recherché compte tenu de la finalité de l'entreprise et des fonctions du salarié. Par ailleurs, la jurisprudence complète spécifiquement le régime de chacune de ces clauses.

La période d'essai

324 Située au commencement de l'exécution du contrat de travail, la période d'essai permet, pendant une durée plus ou moins longue, de tester, dans les conditions réelles du travail, les compétences du salarié et ses aptitudes personnelles à occuper l'emploi. Pour sa part, le salarié va vérifier que le poste répond à ses attentes. Si l'une ou l'autre des parties n'était pas satisfaite, elle pourrait rompre le contrat de travail sans avoir à respecter les règles du licenciement ou de la démission.

REMARQUE

Vous trouverez en fin d'ouvrage un modèle de clause de période d'essai.

Conditions de validité de la période d'essai

325 La période d'essai est nécessairement écrite soit dans le contrat de travail, soit dans la convention collective. Elle ne peut ni être implicite ni résulter du seul usage dans l'entreprise ou d'un document interne à celle-ci.

Si la période d'essai est prévue dans la convention collective, elle n'est opposable au salarié que si :

- elle est obligatoire : la convention collective doit définir précisément les hypothèses où la période d'essai s'impose aux parties et non pas seulement envisager la possibilité pour le contrat de travail de la prévoir si les parties en sont d'accord;
- le salarié a été informé de l'existence de la convention collective et mis en mesure d'en prendre connaissance par une information spécifique et circonstanciée, au moment de l'embauche.

IL A ÉTÉ JUGÉ

Il est impossible de prévoir une période d'essai en cours d'exécution du contrat de travail et ce, même si le salarié est appelé à occuper de nouvelles fonctions. Il est en revanche possible d'insérer au contrat de travail une période probatoire visant à tester les aptitudes du salarié à ses nouvelles fonctions. En cas d'inadaptation du salarié, la période probatoire a pour effet de replacer le salarié dans ses anciennes fonctions mais pas de rompre le contrat de travail (Cass. soc., 30 mars 2005, n° 02-46103).

Durée de la période d'essai

Principe : liberté des parties

326 Sauf exceptions, les parties sont libres, dans les limites fixées par la convention collective, le cas échéant, de convenir de la durée de la période d'essai. Celle-ci doit néanmoins être raisonnable compte tenu des fonctions occupées par le salarié. Le juge prud'homal pourra toujours, si besoin, la réduire.

REMARQUE

En pratique, la durée de l'essai prévue par la convention collective est le plus souvent de une à deux semaines pour un ouvrier, un mois pour un employé, deux mois pour un technicien et un agent de maîtrise, trois mois pour un cadre et six mois pour un cadre supérieur.

Cas où la durée de la période d'essai est réglementée

327 Dans certains cas, la durée de la période d'essai est réglementée par le Code du travail.

Ainsi, pour un **contrat de travail à durée déterminée**, la période d'essai ne peut excéder une durée calculée à raison d'un jour par semaine, dans la limite de deux semaines, lorsque la durée initialement prévue au contrat est au plus égale à six mois et d'un mois dans les autres cas. Lorsque le contrat ne comporte pas de terme précis, la période d'essai est calculée par rapport à la durée minimale du contrat.

EXEMPLE

Si le CDD a une durée de une à neuf semaines, la durée de la période d'essai est de in à neuf jours calendaires.
Si le CDD a une durée de dix semaines à six mois, la période d'essai est limitée à dix jours soit deux semaines si le salarié travaille cinq jours par semaine, dix jours calendaires s'il travaille six jours par semaine. Dans ce dernier cas, la période d'essai sera de deux semaines à compter de douze semaines de contrat.

328 Pour un **contrat de travail temporaire**, la durée de la période d'essai est fixée par voie de convention ou accord professionnel de branche étendu ou de convention ou d'accord d'entreprise ou d'établissement. À défaut, cette durée ne peut excéder deux jours si le contrat est conclu pour une durée inférieure ou égale à un mois, trois jours si le contrat est conclu pour une durée comprise entre un et deux mois, cinq jours au-delà.

329 S'agissant du **contrat d'apprentissage**, il peut, pendant les deux premiers mois de son exécution, être rompu par l'une ou l'autre des parties sans que cette rupture soit motivée. Elle est notifiée par écrit au directeur du centre de formation des apprentis ainsi qu'aux organismes consulaires et au service ayant enregistré le contrat.

Enfin, la période d'essai d'un VRP est limitée à trois mois.

REMARQUE

Le contrat « nouvelles embauches » ne peut pas comporter de période d'essai. Il peut toutefois être rompu très simplement durant la période de consolidation de deux ans (voir n° 226).

Point de départ, décompte et renouvellement de la période d'essai

330 Le point de départ de la période d'essai se situe au commencement de l'exécution du contrat de travail, peu important que celle-ci débute, par exemple, par une période de formation hors de l'entreprise. Dans ce cas, il convient que les parties envisagent une période d'essai un peu plus longue.

La période d'essai se décompte de date à date, en jours calendaires (du lundi au dimanche, jours fériés compris) lorsqu'elle est exprimée en jours. La suspension du contrat de travail (maladie, congés...) suspend également la période d'essai et reporte d'autant son terme.

EXEMPLE

Une période d'essai de trois mois pour un contrat dont l'exécution débute le 1er février prend fin le 30 avril à minuit.
Une période d'essai de quinze jours pour un contrat dont l'exécution débute le 25 avril prend fin le 9 mai à minuit sans que les 1er et 8 mai, jours fériés, n'aient d'incidence sur le terme.
Une période d'essai de trois mois pour un contrat dont l'exécution débute le 1er février et qui a été suspendu (en raison de congés payés, d'un arrêt maladie...) un mois prend fin le 31 mai à minuit.

331 Il est possible de **renouveler la période d'essai** si cette éventualité a été retenue dans la convention collective ou le contrat de travail, lorsque la convention collective ne comprend pas de dispositions relatives à la période d'essai, et après accord exprès et non équivoque du salarié. Le contrat ou la convention collective peuvent aménager le renouvellement de la période d'essai (délais, durée de la prolongation...).

REMARQUE

Si la convention collective traite de la période d'essai mais ne prévoit pas la possibilité de la renouveler, la clause du contrat de travail retenant cette possibilité est nulle et inopposable au salarié.

Rupture du contrat de travail pendant la période d'essai

Principe de la libre rupture

332 La rupture du contrat pendant la période d'essai par l'une ou l'autre des parties est libre et n'est pas soumise aux règles du licenciement ou de la démission tant sur le fond (motivation) que sur la forme (règles procédurales).

En particulier, l'employeur qui rompt le contrat de travail n'a, en principe, pas à motiver la rupture ni à respecter la procédure de licenciement. La rupture intervient au jour de la décision de l'employeur, c'est-à-dire à la date d'envoi de la lettre lorsque l'employeur notifie la rupture par courrier.

IL A ÉTÉ JUGÉ

L'employeur qui motive la rupture du contrat de travail pendant la période d'essai par un motif disciplinaire est tenu d'appliquer la procédure de licenciement pour motif disciplinaire (Cass. soc., 10 mars 2004, n° 01-44.750).

Limites au principe de la libre rupture

Limites légales

333 La rupture du contrat de travail ne peut intervenir pendant la période d'essai dès lors que le contrat de travail du salarié est suspendu en raison d'un accident du travail ou d'une maladie professionnelle.

Mais la Cour de cassation vient de juger que l'article L. 122-25-2 du Code du travail qui interdit à l'employeur de résilier le contrat de travail d'une salariée lorsqu'elle est en état de grossesse médicalement constaté et pendant l'intégralité des périodes de suspension du contrat de travail auxquelles elle a droit, ne s'appliquait pas durant la période d'essai (Cass. soc., 21 déc. 2006, n° 05-44.806).

Par ailleurs, la rupture du contrat de travail pendant la période d'essai d'un salarié protégé (représentant du personnel, conseiller prud'homal...) ne saurait intervenir sans l'autorisation préalable de la direction départementale du travail, de l'emploi et de la formation professionnelle.

Enfin, la rupture du contrat de travail pendant la période d'essai ne peut être fondée sur un motif discriminatoire.

Abus de droit

334 En cas de contestation de la rupture du contrat de travail pendant la période d'essai, le juge prud'homal examinera les circonstances entourant cette rupture afin de vérifier que l'employeur n'a pas abusé des droits qu'il tire du contrat de travail ou qu'il n'a pas agi avec légèreté blâmable au regard des finalités de la période d'essai et de la situation du salarié.

IL A ÉTÉ JUGÉ

La rupture, pendant la période d'essai, du contrat de travail d'un salarié âgé de 45 ans, démissionnaire de son emploi précédent, une semaine après le début de l'exécution du contrat et alors qu'il n'avait pas encore occupé pleinement l'emploi pour lequel il avait été recruté puisqu'il suivait un stage de formation hors de l'entreprise, est abusive (Cass. soc., 5 mai 2004, n° 02-41.224).

Lorsque l'abus est démontré, le salarié a droit à indemnisation de son préjudice sur le fondement de l'article 1382 du Code civil.

La clause de non-concurrence

335 La clause de non-concurrence est la clause par laquelle le salarié accepte de ne pas exercer une activité, salariée ou non, concurrente à celle de son employeur après la rupture de son contrat de travail, à son initiative ou à celle de l'employeur. Portant atteinte à la liberté du travail du salarié, sa validité n'est admise que si des conditions strictes sont respectées.

REMARQUE

Vous trouverez en fin d'ouvrage un modèle de clause de non-concurrence.

Conditions de validité de la clause de non-concurrence

Conditions de fond

336 Pour être valide, la clause de non-concurrence doit :

- être **antérieure à la rupture** du contrat de travail;
- être **indispensable à la protection des intérêts légitimes de l'entreprise** : l'objet de la clause de non-concurrence est la protection des éléments caractéristiques de l'entreprise ou des spécificités de son activité auxquelles le salarié pourrait porter préjudice en exerçant une activité concurrente : brevets, secret de fabrication, process industriel, fichier client... ;

IL A ÉTÉ JUGÉ

Une clause de non-concurrence ne peut être imposée à un salarié « laveur de vitres » (Cass. soc., 14 mai 1992, n° 89-45.300).

- tenir compte des **spécificités de l'emploi du salarié** : même si l'activité de l'entreprise peut justifier la mise en place d'une clause de non-concurrence, ce ne peut être le cas que pour les salariés qui ont accès aux informations essentielles, confidentielles, stratégiques dans l'entreprise;

EXEMPLE

Si une entreprise de pétrochimie peut logiquement insérer dans les contrats de travail de ses ingénieurs chimistes chargés de la recherche et du développement de nouveaux produits une

clause de non-concurrence, tel n'est pas le cas pour l'hôtesse chargée de l'accueil du public dans cette même entreprise.

– être **limitée dans le temps et dans l'espace** : compte tenu des deux premiers éléments, la clause de non-concurrence doit être circonscrite dans le temps et l'espace, pour une durée raisonnable et dans un secteur géographique strictement défini ;
– comporter une **contrepartie financière** : la renonciation du salarié à exercer la profession de son choix au terme du contrat de travail doit être indemnisée. Cette contrepartie doit être prévue par le contrat de travail ou la convention collective. Les parties fixent le juste montant de cette indemnisation et ses modalités de versement : mensualités pendant l'exécution du contrat de travail ou de la clause de non-concurrence, versement en capital lors de la rupture du contrat de travail (voir n° 338).

Conditions de forme

337 La clause de non-concurrence est nécessairement écrite soit dans le contrat de travail, soit dans la convention collective. Elle ne peut pas résulter du seul usage dans l'entreprise ou d'un document interne à celle-ci.

Si la clause de non-concurrence n'est prévue que dans la convention collective, elle n'est opposable au salarié que si :
– elle est obligatoire : la convention collective doit définir précisément les hypothèses où la clause de non-concurrence s'impose aux parties et non pas seulement envisager la possibilité pour le contrat de travail de la prévoir si les parties en sont d'accord ;
– le salarié a été informé de l'existence de la convention collective et mis en mesure d'en prendre connaissance par une information spécifique et circonstanciée, au moment de l'embauche.

Nature et régime de la contrepartie financière

338 La contrepartie financière qui répond à l'impérieuse nécessité d'assurer la sauvegarde et l'effectivité de la liberté fondamentale du travail du salarié suit le régime juridique du salaire. Elle se prescrit donc par cinq ans et est soumise aux cotisations et contributions sociales. Elle est productrice de droits pécuniaires à congés payés.

La contrepartie financière reste due tant que le salarié respecte son engagement de non-concurrence et ce même si, de fait, il ne peut plus exercer d'activité professionnelle en raison de son état de santé par exemple.

Contrôle et sanctions de la clause de non-concurrence

Sanctions des conditions de validité de la clause de non-concurrence

339 Dans un premier temps, le juge prud'homal apprécie la nécessité pour l'entreprise de protéger ses intérêts légitimes. Il doit de même vérifier que la clause de non-concurrence comporte une juste contrepartie financière. Le juge va donc en vérifier l'existence et le montant, notamment au regard des prescriptions de la convention collective applicable.

IL A ÉTÉ JUGÉ

Une contrepartie financière jugée insuffisante au regard de la convention collective applicable est assimilée à l'absence de contrepartie financière (Cass. soc., 13 janv. 1998, n° 95-41.480).

Si l'une de ces deux conditions fait défaut, le juge prononcera la nullité de la clause. Il pourra également exiger le paiement de dommages et intérêts au profit du salarié, spécialement si celui-ci a tout de même respecté l'obligation de non-concurrence qui lui était faite.

Dans un second temps, le juge vérifie que la clause de non-concurrence est bien délimitée dans le temps et dans l'espace. Si les limites retenues lui paraissent excessives, il peut les ramener à de plus justes proportions sans pour autant annuler la clause, notamment si le salarié viole son obligation de non-concurrence dans le champ restreint de la clause.

Sanctions de la violation par le salarié de l'obligation de non-concurrence

340 Lorsque la clause respecte les conditions énoncées ci-dessus, le salarié est tenu de s'y conformer. Il ne peut donc pas exercer d'activité concurrente dans le champ géographique et pendant la durée définie au contrat.

L'employeur qui voudrait engager la responsabilité de son ancien salarié sur ce terrain doit, devant le conseil de prud'hommes, rapporter la preuve d'actes concrets personnels contraires aux prescriptions de la clause de non-concurrence. S'il y parvient, le salarié perd tout droit à contrepartie financière et est tenu de rembourser les sommes déjà versées à ce titre. Il peut également être tenu, dans le cadre d'une décision de justice, au versement de dommages et intérêts et doit bien évidemment cesser l'activité litigieuse, le cas échéant, sous astreinte.

L'ancien employeur du salarié peut également engager, devant le tribunal de commerce, la responsabilité du nouvel employeur. Celui-ci pourra également être tenu au versement de dommages et intérêts et devra faire cesser l'activité litigieuse.

Renonciation de l'employeur à la clause de non-concurrence

341 L'employeur peut choisir, au terme du contrat de travail, de renoncer au bénéfice de la clause de non-concurrence. Il doit néanmoins obtenir l'accord exprès du salarié qui peut choisir de rester soumis à l'obligation de non-concurrence afin d'obtenir le versement de la contrepartie financière prévue.

La clause d'exclusivité

342 La clause d'exclusivité est celle par laquelle un salarié s'engage à consacrer l'exclusivité de son activité à un employeur. Portant atteinte à la liberté du travail, la clause d'exclusivité n'est valable que si elle est indispensable à la protection des intérêts légitimes de l'entreprise et si elle est justifiée par la nature de la tâche à accomplir et proportionnée au but recherché. En revanche, lorsque la clause est valide, le salarié est tenu de s'y conformer. À défaut, il engage sa responsabilité et encourt une sanction disciplinaire.

IL A ÉTÉ JUGÉ

La clause d'un contrat de travail par laquelle un salarié s'engage à travailler pour un employeur à titre exclusif et à temps partiel ne peut lui être opposée et lui interdire de se consacrer à temps complet à son activité professionnelle (Cass. soc., 11 juill. 2000, n° 98-40.143).

La clause d'exclusivité n'est toutefois pas opposable au salarié qui crée ou reprend une entreprise dans le cadre du congé ou travail à temps partiel pour création d'entreprise.

REMARQUE

Vous trouverez en fin d'ouvrage un modèle de clause.

La clause de mobilité géographique

343 L'employeur qui entend modifier l'affectation géographique du salarié en dehors du secteur géographique initial doit obtenir

l'accord exprès du salarié. Aussi, afin de pallier cette difficulté, il est possible d'insérer au contrat de travail une clause de mobilité géographique. Celle-ci détermine le périmètre, plus ou moins vaste compte tenu des fonctions du salarié et des intérêts de l'entreprise, au sein duquel l'employeur pourra librement affecter le salarié sans que ce changement de lieu de travail ne constitue une modification du contrat de travail.

REMARQUE

Vous trouverez à la fin de ce guide un modèle de clause.

Conditions de validité

Conditions de fond

344 La clause de mobilité géographique doit comporter des limites précises : secteur géographique précisément délimité, communes, départements, régions, établissements de l'entreprise...

Par ailleurs, elle ne peut pas prévoir que le refus du salarié d'exécuter la clause de mobilité emporte automatiquement rupture du contrat de travail.

Conditions de forme

345 La clause de mobilité géographique est nécessairement écrite soit dans le contrat de travail, soit dans la convention collective.

Si la clause de mobilité géographique n'est prévue que dans la convention collective, elle n'est opposable au salarié que si :

- elle est obligatoire : la convention collective doit définir précisément les hypothèses où la clause de mobilité géographique s'impose aux parties et non pas seulement envisager la possibilité pour le contrat de travail de la prévoir si les parties en sont d'accord ;
- le salarié a été informé de l'existence de la convention collective et mis en mesure d'en prendre connaissance par une

information spécifique et circonstanciée, au moment de l'embauche.

Mise en œuvre et sanctions de la clause de mobilité géographique

346 En cas de changement de lieu de travail dans le cadre de la clause de mobilité, le salarié ne peut pas refuser sa nouvelle affectation sauf à démonter la mauvaise foi de l'employeur.

La jurisprudence retient que la bonne foi de l'employeur dans la mise en œuvre de la clause de mobilité est présumée. Il revient donc au salarié de prouver que la décision de l'employeur est étrangère à l'intérêt de l'entreprise ou a été prise dans des conditions exclusives de la bonne foi contractuelle (Cass. soc., 23 févr. 2005, n° 04-45.463).

IL A ÉTÉ JUGÉ

Est abusive la mutation, au retour d'une suspension du contrat de travail pour accident du travail, d'une mère de famille ayant un enfant handicapé dont elle devait s'occuper au déjeuner alors même que son ancien poste restait disponible (Cass. soc., 6 févr. 2001, n° 98-44.190).

Le refus du salarié d'exécuter le contrat de travail conformément aux dispositions de la clause de mobilité justifie son licenciement pour faute voire, le cas échéant, pour faute grave. Mais cette dernière qualification n'est pas automatique.

La clause de dédit-formation

347 Dans le cadre de la clause de dédit-formation, le salarié s'engage, en cas de démission avant une période déterminée, à verser à l'entreprise une somme forfaitaire pour couvrir les frais de formation engagés par elle à son profit.

Pour être opposable au salarié, la clause de dédit-formation doit :

- constituer la contrepartie d'un engagement pris par l'employeur d'assurer une formation entraînant des frais réels au-delà des dépenses imposées par la loi ou par la convention collective;
- être assortie d'une indemnité de dédit dont le montant est proportionné aux frais de formation engagés. Dans le cas contraire, le juge prud'homal est libre de réduire l'indemnité de dédit à sa juste valeur;
- ne pas avoir pour effet de priver le salarié de la faculté de démissionner.

REMARQUE

Le contrat de professionnalisation ne peut pas comporter de clause de dédit-formation.

348 La clause de dédit-formation est nécessairement écrite. Elle doit faire l'objet d'une **convention particulière**, distincte du contrat de travail, conclue avant le début de la formation. Cette convention précise la date, la nature et la durée de la formation, son coût réel pour l'entreprise ainsi que le montant et les modalités du remboursement à la charge du salarié.

La clause de garantie d'emploi

349 Il est possible d'insérer dans un contrat à durée indéterminée une clause de garantie d'emploi par laquelle l'employeur s'engage à ne pas rompre le contrat pendant une durée déterminée lors de la conclusion du contrat. Le contrat peut néanmoins être rompu d'un commun accord des parties, en cas de faute grave ou de force majeure.

Si l'employeur ne respecte pas son engagement, il est tenu de verser au salarié le solde des salaires courant jusqu'au terme de la période de garantie d'emploi.

4. Formalités liées à l'embauche

Formalités administratives

L’embauche d’un salarié s’accompagne obligatoirement d’une déclaration auprès de l’Urssaf et, le cas échéant, de la direction départementale du travail, de l’emploi et de la formation professionnelle. Deux dispositifs – le titre emploi entreprise occasionnel et le chèque emploi TPE – simplifient ces démarches.

1. La déclaration unique d'embauche (DUE)

401 La DUE est obligatoire lors de l'embauche d'un salarié. Elle permet de remplir, en une seule formalité, l'essentiel des obligations déclaratives incombant à l'employeur. L'organisme à contacter est l'Urssaf dont relève l'établissement, qui se chargera par la suite de communiquer les informations recueillies aux organismes sociaux et aux administrations concernées.

Cette formalité ne concerne cependant pas les particuliers employeurs d'employés de maison et les employeurs occasionnels d'intermittents du spectacle.

De même, certaines entreprises peuvent, sous conditions, recourir à une formalité simplifiée de déclarations liées à l'embauche telle que :

- le titre emploi entreprise occasionnel (TEE, voir n° 418) ;
- le chèque emploi TPE (très petites entreprises, voir n° 423).

Formalités couvertes par la DUE

La déclaration préalable à l'embauche

402 Cette formalité est obligatoire pour toute embauche, quelles que soient la durée et la nature du contrat de travail. L'accusé de réception, transmis par l'Urssaf, doit être conservé jusqu'à l'établissement du premier bulletin de paie, afin de pouvoir être présenté, le cas échéant, aux agents chargés de lutter contre le travail clandestin.

REMARQUE

Le défaut de déclaration préalable à l'embauche est passible des sanctions encourues pour l'infraction de travail dissimulé : trois ans d'emprisonnement et 45 000 euros d'amende.

La déclaration d'une première embauche dans un établissement

403 Il s'agit de l'opération par laquelle l'établissement se fait connaître auprès de l'administration du travail.

L'immatriculation du salarié au régime général de la Sécurité sociale

404 Le rattachement du salarié à une caisse primaire d'assurance maladie est obligatoire dans trois hypothèses :

- le travailleur n'a jamais été immatriculé ;
- il était antérieurement affilié au régime de Sécurité sociale des étudiants ;
- il se prétend immatriculé mais n'est pas en mesure de présenter son numéro d'immatriculation.

La demande d'affiliation au régime d'assurance chômage

405 L'affiliation s'effectue auprès de l'ASSEDIC territorialement compétente (le GARP pour la région parisienne). Si l'entreprise comporte plusieurs établissements, chaque établissement doit être affilié à l'ASSEDIC de son implantation territoriale, s'il verse lui-même les cotisations de Sécurité sociale.

La demande d'adhésion à un service de santé au travail

406 Il convient de choisir un service de santé, en fonction de la situation géographique de l'entreprise et de son activité. La liste est disponible auprès de la Direction départementale du Travail, de l'Emploi et de la Formation professionnelle (DDTEFP) dont relève l'entreprise. Il faut ensuite reporter le service choisi sur la DUE.

La déclaration d'embauche du salarié auprès de ce service en vue de la visite médicale obligatoire

407 La visite médicale d'embauche doit intervenir, au plus tard, avant l'expiration de la période d'essai qui suit l'embauche. Mais, pour les salariés soumis à une surveillance spéciale, cette visite doit avoir lieu avant la prise de fonction.

Les délais à respecter

408 La DUE doit être obligatoirement remplie huit jours avant l'embauche au plus tôt. Cependant, la déclaration peut être effectuée en plusieurs fois, par ajout d'information à la déclaration initiale, dans la limite des délais suivants.

La déclaration préalable d'embauche doit être effectuée au plus tôt huit jours avant l'embauche et, au plus tard, le dernier jour ouvrable précédant l'embauche si la déclaration est retournée par courrier et de façon concomitante au début du travail, si le minitel, Internet ou la télécopie est utilisé.

La déclaration d'une première embauche dans un établissement doit être effectuée dans les huit jours suivant l'embauche.

La demande d'immatriculation du salarié au régime général de la Sécurité sociale doit intervenir dans les huit jours suivant l'embauche.

La demande d'affiliation au régime d'assurance chômage doit être effectuée dans les deux mois de l'embauche du premier salarié.

La demande d'adhésion à un service de santé au travail doit être effectuée dès l'embauche du premier salarié.

La déclaration d'embauche du salarié auprès du service de santé au travail en vue de la visite médicale obligatoire doit être effectuée avant l'embauche (dans certains cas, obligatoirement) ou, au plus tard, avant l'expiration de la période d'essai.

Comment renseigner et transmettre la DUE ?

409 La DUE peut être renseignée sur différents supports, notamment par courrier papier ou électronique (Internet).

Sa transmission s'effectue par différents moyens mis à la disposition de l'entreprise :

- **courrier** : retourner le formulaire, par courrier recommandé, au service « déclaration d'embauche » de l'Urssaf dont relève l'établissement;
- **télécopie**, auprès de l'Urssaf dont relève l'établissement;
- **Internet**, aux adresses suivantes : www.due.fr et www.net-entreprises.fr (une adhésion préalable à ce service est nécessaire).

Preuve de la déclaration

410 Dès lors qu'il y a déclaration préalable à l'embauche, l'Urssaf est tenue d'adresser à l'employeur, dans les cinq jours ouvrables suivant sa réception, un accusé de réception.

L'employeur doit, par ailleurs, remettre au salarié un document reproduisant les informations contenues dans la déclaration préalable d'embauche.

Destinataires des informations

411 Les organismes destinataires des informations contenues dans la DUE sont les suivants : l'Urssaf, l'Insee, l'ASSEDIC, la caisse régionale d'assurance maladie, la DDTEFP et le service de santé au travail.

SE RENSEIGNER

La liste des Urssaf territorialement compétentes est à disposition sur le site : www.urssaf.fr

La liste des ASSEDIC territorialement compétentes est à disposition sur le site : www.assedic.fr
La liste des adresses des directions départementales du travail, de l'emploi et de la formation professionnelle est disponible sur le site : www.travail.gouv.fr

---

2. Formalités spécifiques en cas d'embauche d'un premier salarié

Outre la DUE, l'embauche du premier salarié dans l'entreprise suppose des formalités supplémentaires.

L'affiliation de l'entreprise auprès d'une caisse de retraite complémentaire

412 Dans les trois mois de sa création (même si l'entreprise n'a procédé à aucune embauche pendant cette période), l'entreprise doit adhérer à une caisse relevant de l'AGIRC (pour les cadres) et de l'ARRCO (pour les non cadres).

Le point de départ de ce délai de trois mois est fixé à la date de l'inscription de l'entreprise au Registre du Commerce et des Sociétés (RCS). Dans certains secteurs d'activité, la caisse compétente peut être désignée d'office. Dans les autres cas, la désignation est géographique (département ou arrondissement de Paris).

SE RENSEIGNER

La liste des caisses compétentes, en fonction de la nature et du lieu de l'activité de l'entreprise, est disponible sur le site : www.agirc.fr
AGIRC/ARRCO 16-18, rue Jules César, 75592 Paris Cedex 12, tél. : 01 71 72 12 00

La déclaration de la première embauche à l'inspection du travail

413 Elle a lieu dès lors que l'établissement :
- procède pour la première fois à l'embauche de personnel;
- a cessé pendant six mois d'occuper du personnel et en occupe à nouveau;
- est transférée dans un autre lieu ou fait l'objet d'une extension ou d'une transformation de l'activité exercée;
- change d'exploitant.

Cette déclaration se fait par lettre recommandée avec demande d'avis de réception.

3. Formalités spécifiques à la conclusion de certains contrats de travail

Contrat de travail à durée déterminée

414 Dans le secteur du commerce, de l'industrie, des services et de l'artisanat, l'employeur doit remettre au salarié, en même temps que le contrat de travail, le bordereau individuel d'accès à la formation (BIAF), afin de l'informer de ses droits à congé-formation.

Pour les autres secteurs d'activité, le BIAF est remis à la fin du contrat.

Le formulaire est disponible auprès des organismes paritaires collecteurs des fonds de la formation professionnelle.

Contrat d'apprentissage

415 Lors de la conclusion d'un contrat d'apprentissage, l'entreprise doit :
- établir le contrat d'apprentissage sur des formulaires types disponibles auprès de la Chambre de commerce et d'indus-

trie (www.dfc.ccip.fr), de la Direction départementale du Travail, de l'Emploi et de la Formation professionnelle ou sur Internet (www.service-public.fr) ;

- remplir la déclaration en vue de la formation d'apprentis et faire enregistrer le contrat d'apprentissage auprès de sa chambre de commerce et d'industrie (ou de sa chambre de métiers ou de sa chambre d'agriculture, le cas échéant) ;
- effectuer la déclaration unique d'embauche (DUE) auprès de l'Urssaf ;
- adresser, lorsque l'embauche est confirmée à l'issue des deux premiers mois, un formulaire de demande d'aide au directeur du CFA qui le transmettra à la trésorerie générale de région.

SE RENSEIGNER

La liste des Chambres de commerce et d'industrie est disponible à l'adresse suivante : www.acfci.cci.fr, celle des chambres de métiers à l'adresse suivante : www.apcm.com/annuaires/default.htm

Pour Paris et la région parisienne (Hauts-de-Seine, Seine-Saint-Denis, Val-de-Marne) vous pouvez contacter les services de la Chambre de commerce et d'industrie de Paris : www.dfc.ccip.fr

Contrat de professionnalisation

416 Le contrat de professionnalisation doit être établi sur formulaire CERFA disponible :

- auprès des Directions départementales du Travail, de l'Emploi et de la Formation professionnelle (DDTEFP) ;
- sur le site Internet du Ministère du travail, à l'adresse suivante : www.travail.gouv.fr

Un document précisant les objectifs, le programme et les modalités d'organisation, d'évaluation et de sanction de la formation doit être annexé au contrat.

L'employeur doit, par ailleurs, adresser le contrat à l'organisme paritaire collecteur agréé (OPCA) dont il relève, au plus tard dans les cinq jours qui suivent le début du contrat.

L'OPCA émet un avis sur le contrat et se prononce sur la prise en charge éventuelle des frais de formation. Il transmet ensuite à la DDTEFP du lieu d'exécution du contrat, son avis et sa décision concernant le financement, dans un délai d'un mois à compter de la date de réception du contrat.

Enfin, la direction départementale du travail, de l'emploi et de la formation professionnelle (DDTEFP) vérifie la conformité du contrat aux dispositions législatives, réglementaires et conventionnelles qui le régissent. Elle notifie ensuite sa décision à l'employeur et à l'OPCA.

Tout silence gardé par la DDTEFP pendant plus d'un mois à compter de la date de dépôt du contrat a valeur de décision d'enregistrement.

4. Simplification des formalités administratives

417 Afin que les formalités administratives ne soient pas un frein à l'embauche, les pouvoirs publics ont mis en place deux dispositifs spécifiques à certaines formes d'activités ou d'entreprises : le titre emploi entreprise occasionnel et le chèque emploi très petites entreprises.

Le titre emploi entreprise occasionnel

418 Le titre emploi entreprise (TEE) occasionnel permet à certains employeurs d'effectuer les formalités liées à l'emploi sur un support unique auprès d'un seul interlocuteur : le centre national de traitement du TEE occasionnel géré par l'une des Urssaf (Gironde, Lyon, Paris-région parisienne) désignée à cette fin.

Conditions d'adhésion

419 Sont concernées les entreprises, quel que soit leur effectif, qui décident d'adhérer au TEE et emploient ou souhaitent employer des salariés « occasionnels », c'est-à-dire dont l'activité n'excède pas 100 jours calendaires ou 700 heures (le nombre d'heures de travail quotidien est sans incidence) par année civile.

Le titre emploi-entreprise ne peut être utilisé qu'à l'égard de ces seuls salariés « occasionnels ».

Par ailleurs, l'entreprise doit appartenir à un secteur d'activité (Hôtellerie et restauration, Bâtiments et travaux publics, Centres d'appels, Commerce et réparation automobile, etc.), pour lequel le recours au TEE est autorisé.

La liste des secteurs d'activités concernés est progressivement étendue. Elle est consultable sur le site www.letee.fr

REMARQUE

Le TEE ne concerne :
- **ni les particuliers employant des salariés à leur service;**
- **ni le secteur agricole qui dispose d'un titre spécifique;**
- **ni les organisateurs non professionnels de spectacles vivants qui relèvent du GUSO (www.guso.com).**

Utilisation du TEE

420 Le titre emploi entreprise (TEE) permet d'accomplir les formalités liées à l'embauche (DUE) mais aussi, plus largement, à l'emploi.

Il est composé de deux volets :
- un **volet « identification du salarié »** (mentions relatives au salarié, nature du contrat de travail, durée du travail,

convention collective applicable...) à adresser au centre de traitement au plus tôt huit jours avant l'embauche et au plus tard dans l'instant qui précède cette embauche. Ce volet sert de contrat de travail et de déclaration unique d'embauche ; il doit être signé par l'employeur et le salarié, un exemplaire devant être remis à ce dernier ;
- un **volet social** (mentions relatives au salarié et celles concernant l'activité exercée et la rémunération) à envoyer au centre de traitement au plus tard dans les huit jours ouvrés suivant le versement de la rémunération.

421 Le **centre de traitement** :
- calcule l'ensemble des cotisations légales ou conventionnelles (Sécurité sociale, assurance chômage, retraite complémentaire et de prévoyance, congés payés pour le bâtiment et les travaux publics) ;
- délivre l'attestation d'emploi au salarié occasionnel dans les cinq jours ouvrés qui suivent la réception du volet social adressé par l'employeur. Cette attestation permet de justifier les droits du salarié aux prestations de Sécurité sociale, aux allocations de chômage en cas de perte d'emploi et aux prestations de retraite complémentaire. Sa remise se substitue à celle du bulletin de paie ;
- notifie à l'employeur un décompte des sommes dues.

REMARQUE

Le centre compétent (Urssaf de Lyon, de la Gironde ou de Paris-région parisienne) dépend de l'activité exercée par l'entreprise (sur ce point, voir le site www.letee.fr).

422 Le **paiement des cotisations et contributions** par l'employeur est effectué auprès de l'Urssaf dont il relève dans les huit premiers jours du mois civil suivant celui au cours duquel les sommes dues lui ont été notifiées.

Le versement peut être effectué par chèque bancaire ou postal ou au moyen d'un titre interbancaire de paiement ou du prélèvement automatique. Lorsque l'employeur utilise la version électronique du titre emploi entreprise occasionnel, il doit effectuer le versement des cotisations et contributions sociales correspondantes par télérèglement.

SE RENSEIGNER

www.letee.fr ou au 0810 123 833 (coût d'une communication locale)

Le chèque emploi très petite entreprise

423 Se présentant sous la forme d'un carnet comprenant un volet « identification du salarié » et un volet « social », le chèque emploi TPE est un dispositif destiné à simplifier les formalités sociales liées à l'emploi de salariés et à faire gagner du temps aux employeurs dans la gestion administrative du personnel.

Le chèque emploi TPE concerne les entreprises, situées en France métropolitaine, dont **l'effectif maximum est de 5 salariés,** à l'exception de celles dont les salariés relèvent du régime agricole.

Le chèque emploi TPE peut être utilisé pour un salarié déjà présent dans l'entreprise, quel que soit son contrat (CDI, contrat « nouvelles embauches », CDD) ou pour toute nouvelle embauche.

L'adhésion au dispositif

424 Dans l'hypothèse où l'entreprise peut bénéficier du chèque emploi TPE, l'adhésion peut se faire :

- par Internet : www.emploitpe.fr
- par télécopie ou voie postale auprès de l'un des trois centres nationaux (voir n° 429).

Dès réception de l'adhésion, le centre national chèque emploi TPE enregistre la demande. L'entreprise reçoit un accusé de réception d'adhésion, un guide pratique, un carnet de volets « identification du salarié » et un carnet de volets sociaux.

L'utilisation du chèque emploi TPE

Le volet « identification du salarié »

425 Ce volet permet d'accomplir en une seule fois les formalités liées à l'embauche : il sert de contrat de travail et de déclaration unique d'embauche.

Il doit être complété pour chaque salarié et transmis avant l'embauche. En cas d'embauches successives d'un même salarié, un nouveau volet doit être établi. Ce document est signé par le salarié qui en reçoit un double.

Si le chèque emploi TPE est utilisé pour un salarié déjà présent dans l'entreprise, ce volet doit également être complété.

Le volet « social »

426 Ce volet permet de déclarer les éléments nécessaires au calcul des cotisations (éléments de rémunération, nombre d'heures, période d'emploi...). Il doit être retourné au centre national chèque emploi TPE avant le 25 du mois d'activité ou dans les cinq jours suivant la date de début du contrat pour les embauches en fin de mois.

Le centre national chèque emploi TPE :
- calcule à la place de l'employeur les cotisations dues;
- adresse à l'employeur, dans les trois jours ouvrés suivant la réception du volet social, un bulletin de paie à remettre au salarié;
- adresse à l'employeur une fiche déclarative de liaison préremplie qui permettra d'effectuer encore plus simplement la déclaration du mois suivant;

– envoie à l'employeur un décompte de cotisations une fois par mois.

Le paiement des cotisations

427 Chaque mois, au plus tard le dixième jour du mois suivant celui de la réception du volet social ou de la fiche déclarative de liaison, le centre national chèque emploi TPE adresse à l'employeur un décompte faisant apparaître le montant des cotisations et contributions recouvrées par les Urssaf.

Deux modalités de paiement sont proposées :

– par prélèvement automatique, intervenant sur le compte bancaire de l'employeur le 8 du mois suivant l'envoi du décompte de cotisations. Ce mode de paiement est obligatoire si les déclarations sont effectuées par Internet;
– par chèque, à adresser à l'Urssaf avant le 8 du mois suivant l'envoi du décompte de cotisations.

Les déclarations annuelles

428 Le centre chèque emploi TPE établit :

– pour le compte de l'employeur les déclarations sociales annuelles (DADS...) concernant les salariés déclarés dans le cadre du chèque emploi TPE;
– pour le salarié, une attestation fiscale annuelle des salaires déclarés dans le cadre du chèque emploi TPE, lui permettant d'établir sa déclaration de revenus auprès de l'administration fiscale.

SE RENSEIGNER

Pour plus d'informations, consultez le site www.emploitpe.fr ou téléphonez au 0810 123 873 (coût d'un appel local)

429 La gestion du chèque emploi TPE est confiée à **trois centres nationaux spécialisés par secteur d'activité.**

Centre national chèque emploi TPE de Bordeaux TSA 10101 33902 Bordeaux Cedex 9 tél. 0810 123 873 fax 05 34 25 36 93	Immobilier (agences immobilières, syndics de copropriété...) Bâtiment, travaux publics Commerce et réparation automobile (garage, station-service, concessionnaire...) Commerce de détail et de gros non alimentaire Industrie du textile et de l'habillement
Centre national chèque emploi TPE de Lyon TSA 41028 69833 St-Priest Cedex 9 tél. 0810 123 873 fax 04 72 09 81 99	Hôtels, cafés, restaurants (y compris hôtellerie de plein air, restauration collective, restauration rapide et livrée...) Boulangerie, pâtisserie (y compris biscuiterie, chocolaterie...) Activités de loisirs (activités récréatives ou culturelles, bal, discothèque, bowling, radio, télévision, cinéma...) Imprimerie, édition Éducation, formation Industrie alimentaire (production, fabrication, transformation...) Industrie manufacturière (métallurgie, chimie, bois, plasturgie...) Récupération et traitement des déchets Gestion de l'eau (captage et distribution)
Centre national chèque emploi TPE de Paris TSA 90029 93517 Montreuil Cedex tél. 0810 123 873	Commerce de détail et de gros alimentaire Métiers de bouche (boucherie, charcuterie...) Services à la personne (coiffure, esthétique, blanchisserie...) Santé et action sociale (professions de santé, structure d'accueil, vétérinaire...) Transport (transport routier, transport de voyageurs, agence de voyages...) Entreprises de services (activités financières, juridiques, informatiques, conseil, sécurité, nettoyage, assurance, publicité, centres d'appels, architecture...) Recherche et développement

La gestion du chèque emploi TPE peut également être confiée à un expert-comptable.

Autres formalités liées à l'embauche

L'employeur doit organiser la visite médicale d'embauche du salarié, mettre à jour le registre unique du personnel et, le cas échéant, accomplir les démarches liées au franchissement des seuils d'effectif déclenchant certaines obligations sociales.

1. La visite médicale d'embauche

440 Tout salarié embauché bénéficie, avant son embauche ou, au plus tard, avant l'expiration de la période d'essai, d'un examen médical réalisé par le médecin du travail.

En tout état de cause, l'examen médical doit avoir lieu avant l'embauche lorsque :

- les salariés sont affectés à certains travaux comportant des exigences ou des risques spéciaux;
- les salariés viennent de changer de type d'activité ou d'entrer en France ;
- la salariée recrutée est une femme enceinte ou mère d'un enfant de moins de deux ans;
- le salarié recruté est handicapé,;
- le salarié recruté a moins de 18 ans.

Réalisé après l'embauche, cet examen a lieu sur le temps de travail du salarié sans entraîner de perte de salaire ou en dehors des horaires habituels de travail du salarié à condition que le temps consacré par lui à l'examen médical soit rémunéré comme du temps de travail.

Les frais liés à la visite médicale d'embauche sont pris en charge par l'employeur.

REMARQUE

Les formalités liées à la visite médicale d'embauche sont effectuées par le biais de la déclaration unique d'embauche (voir n° 401). L'omission de la visite médicale d'embauche par l'employeur est sanctionnée de 1 500 euros d'amende portée à 3 750 euros d'amende assortis d'une peine d'emprisonnement de quatre mois en cas de récidive dans les trois ans.

2. Registre unique du personnel et affichage obligatoire dans l'entreprise

Registre unique du personnel

441 Dès l'embauche d'un salarié, l'employeur est obligé de mettre à jour un registre unique du personnel, mis à la disposition des délégués du personnel et des inspecteurs du travail.

Les mentions communes

442 Doivent y figurer de façon indélébile, dans l'ordre d'embauchage :

- les nom et prénom de tous les salariés occupés par l'établissement à quelque titre que ce soit;
- la nationalité des salariés;
- la date de naissance des salariés;
- le sexe des salariés;
- l'emploi des salariés;
- la qualification des salariés;
- les dates d'entrée et de sortie de l'établissement des salariés;
- lorsqu'une autorisation d'embauchage ou de licenciement est requise, la date de cette autorisation ou, à défaut, la date de la demande d'autorisation.

Les mentions particulières

443 Pour les **travailleurs étrangers** assujettis à la possession d'un titre autorisant l'exercice d'une activité salariée : le type et le numéro d'ordre du titre valant autorisation de travail. En outre, les copies de ces mêmes titres doivent être annexées au registre unique du personnel.

Pour les **jeunes travailleurs** sous contrat d'apprentissage ou de professionnalisation : la mention « apprenti » ou « contrat de professionnalisation ».

Pour les travailleurs sous **contrat à durée déterminée** : la mention « contrat à durée déterminée ».

Pour les travailleurs à **temps partiel** : la mention « travailleur à temps partiel ».

Pour les **travailleurs temporaires** : la mention « travailleur temporaire » ainsi que le nom et l'adresse de l'entreprise de travail temporaire.

Pour les **travailleurs mis à disposition** par un groupement d'employeurs : la mention « mis à disposition par un groupement d'employeurs » ainsi que la dénomination et l'adresse de ce dernier.

Enfin, les mentions relatives à des événements postérieurs à l'embauchage doivent être portées au moment où ceux-ci surviennent.

REMARQUE

Le registre unique du personnel peut être tenu sur papier ou sur support informatique à la condition de garantir la véracité des informations portées.

Les mentions obligatoires portées sur le registre doivent être conservées pendant cinq ans à compter de la date à laquelle le salarié a quitté l'établissement.

Le défaut d'établissement du registre unique du personnel est sanctionné d'une amende de 750 euros (art. R. 630-2 du Code du travail).

Affichage obligatoire dans l'entreprise

444 Les textes imposent d'afficher dans l'entreprise un certain nombre de documents selon certaines conditions.

Documents	Lieu d'affichage
Avis mentionnant l'existence de la convention collective applicable et sa mise à disposition du personnel (art. L. 135-7 du Code du travail)	Lieu de travail Lieu d'embauchage
Dispositions relatives à l'égalité professionnelle entre hommes et femmes et indicateurs de comparaison (art. L. 123-7 et L. 140-7 du Code du travail)	Locaux ou portes des locaux d'embauchage
Règlement intérieur obligatoire pour les entreprises de 20 salariés et plus (art. R. 122-12 du Code du travail)	Locaux ou portes des locaux d'embauchage Lieu de travail
Horaires de travail et de repos (art. L. 620-2 du Code du travail)	Lieu de travail
Coordonnées de l'inspection du travail compétente (art. L. 620-5 du Code du travail) et nom de l'inspecteur	Lieu de travail accessible au salarié
Coordonnées de la médecine du travail (art. L. 620-5 du Code du travail)	Lieu de travail accessible au salarié
Coordonnées des secours d'urgence (art. L. 620-5 du Code du travail)	Lieu de travail accessible au salarié
Ordre des départs en congés annuels (art. D. 223-4 du Code du travail)	Lieu de travail
Liste nominative des membres du Comité d'Hygiène, de Sécurité et des Conditions de Travail (art. R. 236-7 du Code du travail) et emplacement de travail habituel des membres du Comité	Lieu de travail

Affichage en matière d'élection des représentants du personnel (art. L. 424-2 du Code du travail)	Portes d'entrée des lieux de travail Emplacements prévus et destinés aux communications syndicales
Consignes en cas d'incendie (art. R. 232-12-20 du Code du travail)	Lieu de travail (de manière apparente) Passages et portes de sortie (de manière très apparente)
Modalités d'exécution des travaux à domicile (art. R. 721-9 du Code du travail)	Locaux d'attente Locaux où s'effectue la remise des matières premières au travailleur

3. Obligations particulières liées à l'effectif de l'entreprise

445 L'embauche d'un salarié peut avoir pour effet d'atteindre un seuil d'effectif engendrant des obligations particulières. Il convient donc d'apprécier régulièrement, selon les modalités du Code du travail, l'effectif salarié de l'entreprise.

Seuils d'effectifs en vigueur

Institutions représentatives du personnel

446 L'employeur est tenu de procéder à l'élection des délégués du personnel à compter du 11e salarié.

Il doit, par ailleurs, autoriser la désignation de délégués syndicaux et mettre un local à leur disposition à compter du 50e salarié.

Il doit, enfin, procéder à l'élection du comité d'entreprise et du comité d'hygiène, de sécurité et des conditions de travail à compter du 50e salarié.

Règlement intérieur

447 L'employeur doit élaborer un règlement intérieur d'entreprise dès lors que celle-ci emploie au moins 20 salariés.

Négociation collective

448 L'employeur doit, dans les entreprises de 50 salariés et plus, procéder à la négociation collective annuelle obligatoire.

Décompte des effectifs

449 Le décompte des effectifs tient compte de la quotité de travail de chaque salarié et de sa présence dans l'entreprise au cours des douze derniers mois.

Ainsi :

- les salariés titulaires d'un contrat à durée indéterminée à temps plein et les travailleurs à domicile sont pris intégralement en compte dans l'effectif de l'entreprise ;
- les salariés titulaires d'un contrat à durée déterminée, les salariés titulaires d'un contrat de travail intermittent, les travailleurs mis à la disposition de l'entreprise par une entreprise extérieure, y compris les travailleurs temporaires, sont pris en compte dans l'effectif de l'entreprise au *prorata* de leur temps de présence au cours des douze mois précédents ;

REMARQUE

Les salariés titulaires d'un contrat à durée déterminée, d'un contrat de travail temporaire ou mis à disposition par une entreprise extérieure sont exclus du décompte des effectifs lorsqu'ils remplacent un salarié absent ou dont le contrat de travail est suspendu. Seul ce salarié est pris en compte dans le calcul de l'effectif.

– les salariés à temps partiel, quelle que soit la nature de leur contrat de travail, sont pris en compte en divisant la somme totale des horaires inscrits dans leurs contrats de travail par la durée légale ou la durée conventionnelle du travail.

EXEMPLE

Une personne embauchée en CDI compte pour un salarié entier, alors qu'une personne embauchée en CDD à temps plein pour six mois ne compte que pour un demi salarié comme le salarié embauché en CDI mais à mi-temps.

5. Salaires et charges sociales

Rémunération du salarié

La composition, les modalités de calcul et le montant de la rémunération et de ses accessoires sont un critère important d'embauche dans la mesure où les conséquences financières pour l'entreprise doivent être évaluées au plus tôt.

1. Les éléments de rémunération

501 Le salaire, contrepartie du travail fourni par le salarié, peut prendre différentes formes et être complété, le cas échéant, par différents accessoires.

Salaire de base

502 Le salaire de base constitue la partie fixe de la rémunération. Il est fixé par avance, si ce n'est dans son montant, au moins dans ses modalités de calcul. Il peut, en effet, s'agir d'une rémunération fixe, d'une rémunération en tout ou partie variable, en fonction des résultats du salarié par exemple.

Normalement versé en argent, le salaire de base du salarié peut être payé en tout ou partie par l'attribution d'avantages en nature.

Avantages en nature

503 L'employeur peut décider d'attribuer au salarié, gratuitement ou moyennant une participation inférieure à leur prix réel, certains avantages qui constituent ou complètent sa rémunération de base : logement, véhicule, habillement, téléphone mobile, ordinateur...

REMARQUE

Ne constituent pas un élément de salaire :
- **le remboursement des frais engagés par le salarié dans le cadre de son contrat de travail et dans l'intérêt de l'entreprise, appelés frais professionnels;**
- **le remboursement obligatoire, en Île-de-France, par l'employeur de la moitié des titres d'abonnement de transport en commun.**

Ces différents avantages en nature constituent donc des éléments de rémunération soumis comme tels à cotisations sociales.

Pourboires

504 Versés directement au salarié par le client ou centralisés par l'employeur qui est tenu de procéder à leur redistribution mensuelle aux salariés en contact direct avec la clientèle, les pourboires constituent un élément de rémunération soumis comme tel à cotisations sociales. Toutefois, lorsque l'employeur n'a pas connaissance des pourboires perçus par ses salariés, le calcul des cotisations se fait sur une base forfaitaire.

Pour plus de précisions, il est conseillé de se rapprocher de l'Urssaf : www.urssaf.fr

Primes et gratifications

505 L'employeur est libre de verser à ses salariés des primes et gratifications : prime d'assiduité, prime d'ancienneté, treizième mois, prime de vacances... Toutefois, le versement d'une prime peut être obligatoire car prévu par la convention collective applicable à l'entreprise ou par le contrat de travail.

REMARQUE

Le versement « répété, constant et généralisé » d'un avantage salarial constitue un usage, qui s'impose à l'employeur. Celui-ci ne peut le supprimer qu'après en avoir informé individuellement chaque salarié ainsi que les institutions représentatives du personnel présentes dans l'entreprise et après respect d'un délai de prévenance permettant de négocier, le cas échéant, une solution de remplacement.

2. Montant de la rémunération

506 Le montant de la rémunération est fixé librement au moment de l'embauche. Certains planchers légaux (le SMIC) et conventionnels (les salaires minima de la branche professionnelle) doivent toutefois être respectés. Certaines catégories de salariés connaissent par ailleurs d'autres minima.

Le SMIC (salaire minimum interprofessionnel de croissance)

507 Tout salarié doit bénéficier d'une rémunération au moins égale au SMIC.

Le SMIC est un taux de salaire horaire, lequel est revalorisé annuellement par décret en fonction de l'évolution de l'économie et de la conjoncture. En raison de la loi du 19 janvier 1978 sur la mensualisation, le salaire mensuel minimum brut du salarié est égal à 151,67 fois la valeur horaire du SMIC.

EXEMPLE

Au 1er juillet 2006, le taux horaire brut du SMIC (taux en vigueur au 1er mars 2007) était fixé à 8,27 euros, soit un salaire mensuel minimum brut de :
8,27 × 151,67 = 1 254,31 euros.

508 Le salaire mensuel minimum ne s'applique toutefois pas dans les mêmes conditions pour certaines catégories particulières de salariés. Pour les **jeunes de moins de 18 ans**, le SMIC est réduit de 20 % avant 17 ans et de 10 % entre 17 et 18 ans. Ces abattements sont toutefois supprimés lorsque le salarié justifie de six mois de pratique dans la branche.

REMARQUE

Le respect du SMIC s'impose également lorsque le salaire est constitué d'avantages en nature ou comporte une partie fixe, même inférieure au SMIC, assortie d'une partie variable. L'employeur est donc tenu de garantir, même dans ces hypothèses, le versement au salarié, chaque mois, d'une rémunération au moins égale au SMIC.

Les salaires minima conventionnels

509 La convention collective applicable, le cas échéant, à l'entreprise fixe des montants minima de salaire pour les divers emplois de la branche.

Dès lors qu'une convention collective est applicable, ces planchers doivent être respectés.

Il peut arriver que certains minima conventionnels soient inférieurs au SMIC. Dans cette hypothèse, la rémunération du salarié doit toutefois être au moins égale au SMIC.

Cas particuliers

Rémunération minimale de l'apprenti

510 La rémunération de l'apprenti est fixée en fonction de son âge et de son ancienneté, en pourcentage du SMIC ou du salaire minimum conventionnel s'il est supérieur.

Âge	1re année	2e année	3e année
16-17 ans	25 %	37 %	53 %
18-20 ans	41 %	49 %	65 %
21 ans et plus	53 %	61 %	78 %

Rémunération minimale du contrat de professionnalisation

Il convient de distinguer selon l'âge du salarié.

Salarié de moins de 21 ans

511 Pour les salariés âgés de moins de 21 ans, la rémunération minimale est au moins égale à 55 % du SMIC. Ce pourcentage est

porté à 65 % du SMIC si le salarié est titulaire d'une qualification au moins égale à celle d'un baccalauréat professionnel ou d'un titre ou diplôme à finalité professionnelle de même niveau.

Salarié âgé de 21 à moins de 26 ans

512 À partir de 21 ans, la rémunération minimale doit correspondre à 70 % du SMIC. Ce pourcentage est porté à 80 % du SMIC si le salarié est titulaire d'une qualification au moins égale à celle d'un baccalauréat professionnel ou d'un titre ou diplôme à finalité professionnelle de même niveau.

Salariés de 26 ans et plus

513 Pour les salariés de 26 ans et plus, la rémunération minimale ne peut être inférieure au SMIC ou à 85 % du salaire minimum prévu par la convention ou l'accord collectif de branche dont relève l'entreprise, si ce dernier est plus favorable au salarié.

REMARQUE

Dans tous les cas, des dispositions conventionnelles ou contractuelles peuvent prévoir une rémunération plus favorable au salarié.

3. Paiement du salaire

Modalités de paiement

514 En application de la loi du 19 janvier 1978 sur la mensualisation, la plupart des salariés sont mensualisés, c'est-à-dire que leur rémunération est indépendante du nombre de jours effectivement travaillés dans le mois en raison du calendrier. Ainsi, par exemple, il n'y a pas lieu de réduire le salaire du mois de février par rapport à celui du mois de janvier.

Le salarié doit être payé au moins une fois par mois, à échéances régulières, par chèque barré ou par virement postal ou bancaire lorsque le montant net est supérieur à 1 500 euros par mois. Le paiement du salaire doit s'effectuer sur le lieu de travail et pendant les heures de travail. Le choix du jour – habituel – de paiement est laissé à l'appréciation de l'employeur qui doit néanmoins retenir une date rapprochée de l'échéance.

Bulletin de paie

515 À chaque versement, un bulletin de paie sur lequel doit figurer une série de mentions obligatoires doit être remis au salarié. Un double du bulletin de paie doit être conservé par l'employeur pendant au moins dix ans conformément aux dispositions du Code de commerce relatives aux pièces justificatives comptables.

Charges sociales

Les rémunérations versées aux salariés sont soumises à des prélèvements sociaux obligatoires à la charge de l'employeur et du salarié. Le niveau de la part patronale des charges sociales est cependant réduit pour les bas et moyens salaires.

1. Montant et modalités de recouvrement des charges sociales salariales et patronales

520 Afin de garantir une protection sociale aux salariés (assurance maladie-maternité, retraite, assurance décès, assurance chômage) mais également d'assurer leur formation continue, les salaires donnent lieu à versement de cotisations prises en charge par l'employeur et les salariés. Le montant et les modalités de versement de ces cotisations sociales diffèrent selon le risque couvert et la taille de l'entreprise

Montant des charges sociales salariales et patronales

521 L'assiette des différentes cotisations est constituée par le montant brut du salaire, intégrant le salaire de base, mais aussi les indemnités de congés payés et, le cas échéant, les avantages en nature, majorations, primes et indemnités assimilées à du salaire. Le calcul du montant de ces cotisations se fait par l'application de divers taux soit à la totalité du salaire, soit, le plus souvent, dans la limite d'un plafond.

Les taux et plafonds en vigueur au 1er janvier 2007 sont les suivants :

Nature des contributions	Taux		Base de calcul mensuelle au 01/01/2007	Recouvrement
	Part employeur	Part salarié		
CSG		7,5 %	97 % du salaire total	Urssaf
CRDS		0,5 %	97 % du salaire total	Urssaf

(suite)

Nature des contributions	Taux		Base de calcul mensuelle au 01/01/2007	Recouvrement
	Part employeur	Part salarié		
Sécurité sociale				
Contribution solidarité autonomie	0,30 %	–	Salaire total	Urssaf
Assurance maladie	13,10 %	0,75 % (Départements du Rhin et de la Moselle : 2, 55 %)	Salaire total	Urssaf
Assurance vieillesse plafonnée	8,30 %	6,65 %	De 0 à 2 682 €	Urssaf
Assurance vieillesse déplafonnée	1, 60 %	0,10 %	Salaire total	Urssaf
Allocations familiales	5,40 %	–	Salaire total	Urssaf
Accidents du travail	Variable	–	Salaire total	Urssaf
Taxe prévoyance complémentaire	8 %	–	Montant des cotisations patronales de prévoyance	Urssaf
Assurance chômage				
ASSEDIC	4,00 %	2,40 %	De 0 à 10 728 €	ASSEDIC
Fonds de garantie des salaires AGS	0,15 %	–	De 0 à 10 728 €	ASSEDIC

(suite)

Nature des contributions		Taux		Base de calcul mensuelle au 01/01/2007	Recouvrement
		Part employeur	Part salarié		
Retraite complémentaire					
Non-cadres	ARRCO	4,5 %	3,00 %	De 0 à 2 682 €	ARRCO
		12,00 %	8,00 %	De 2 682 € à 8 046 €	ARRCO
	AGFF	1,20 %	0,80 %	De 0 à 2 682 €	ARRCO
		1,30 %	0,90 %	De 2 682 € à 8 046 €	ARRCO
Cadres	ARRCO	4,50 %	3,00 %	De 0 à 2 682 €	ARRCO
	AGIRC	12,60 %	7,70 %	De 2 682 € à 10 728 €	AGIRC
	AGFF	1,20 %	0,80 %	De 0 à 2 682 €	AGIRC
		1,30 %	0,90 %	De 2 682 € à 10 728 €	AGIRC
	CET	0,22 %	0,13 %	De 0 à 21 456 €	AGIRC
	Assurance décès	1,50 %	–	De 0 à 2 682 €	AGIRC
	APEC	0,036 %	0,024 %	De 2 682 € à 10 728 €	AGIRC
	APEC (forfait annuel dû au 31 mars)	+ 11, 59 €	+ 7,72 €	Forfait	AGIRC

(suite)

Nature des contributions	Taux		Base de calcul mensuelle au 01/01/2007	Recouvrement
	Part employeur	Part salarié		
Formation professionnelle				
Entreprise de moins de 10 salariés	0,55 %	–	Salaire total	OPCA
Entreprise de 10 à 19 salariés	1,05 %	–	Salaire total	OPCA
Entreprise de 20 salariés et plus	1,60 %	–	Salaire total	OPCA
Construction – Logement				
Participation à l'effort de construction (à partir de 20 salariés)	0,45 %	–	Salaire total	Investissement direct ou organismes collecteurs
Aide au logement (toute entreprise)	0,10 %	–	De 0 à 2 682 €	Urssaf
Supplément entreprise de 20 salariés et +	0,40 %	–	Salaire total	Urssaf
Divers				
Versement transport	Variable selon le département	–	Salaire total	Urssaf
Taxe d'apprentissage	0,50 %	–	Salaire total	Service des impôts

(suite)

Nature des contributions	Taux		Base de calcul mensuelle au 01/01/2007	Recouvrement
	Part employeur	Part salarié		
Taxe sur les salaires	4,25 %	–	De 0 à 7 156 €	Service des impôts
	8,50 %	–	De 7 156 € à 14 295 €	Service des impôts
	13,60 %	–	Au-delà de 14 295 €	Service des impôts

Modalités de recouvrement

522 Une fois les formalités accomplies à l'égard des différentes caisses au moment de l'embauche (voir n° 401), celles-ci se chargent de l'appel des cotisations qui devront être versées à échéances régulières.

Sauf exception, le versement est trimestriel dans les entreprises de moins de dix salariés et mensuel lorsque l'effectif est plus élevé. L'entreprise de moins de dix salariés peut toutefois opter pour un paiement mensuel.

Les cotisations à la charge du salarié sont retenues chaque mois par l'employeur au moment du versement du salaire et figurent sur le bulletin de paie. Celles à la charge de l'employeur sont calculées en sus du salaire brut. C'est l'employeur qui verse l'ensemble des cotisations (parts patronale et salariale) aux organismes sociaux.

SE RENSEIGNER

Pour tout renseignement, consultez les sites suivants :
www.urssaf.fr
www.arrco.fr
www.agirc.fr
www.taxes-formation.ccip.fr

2. Allégement de charges patronales sur les bas et moyens salaires

523 Cette réduction générale des cotisations patronales de Sécurité sociale, calculée au *prorata* du temps de travail du salarié, est applicable, depuis le 1er juillet 2003, à toutes les entreprises pour les salaires bruts ne dépassant pas 1,6 fois le SMIC, soit 13,23 euros brut/heure.

Modalités de calcul de la réduction

524 Le montant de l'allégement de charges patronales est obtenu en multipliant la rémunération mensuelle brute du salarié par un coefficient. Ce coefficient est déterminé par application de la formule de calcul suivante selon le cas visé.

Salaires versés jusqu'au 30 juin 2007

C (coefficient) = (0,26/0,6) × [(1,6 × SMIC horaire × nombre d'heures rémunérées/rémunération mensuelle brute) – 1]

Salaires versés à compter du 1er juillet 2007

Entreprises de 1 à 19 salariés au plus

C (coefficient) = (0,281/0,6) × [(1,6 × SMIC horaire × nombre d'heures rémunérées/rémunération mensuelle brute) – 1]

Entreprise de 20 salariés et plus

C (coefficient) = (0,260/0,6) × [(1,6 × SMIC horaire × nombre d'heures rémunérées/rémunération mensuelle brute) – 1]

EXEMPLE

Pour un salarié à 35 heures par semaine rémunéré au SMIC (8,27 euros par heure depuis le 1er juillet 2006) dans une entreprise de 50 salariés :

Coefficient = (0,26/0,6) × [(1,6 × 8,27 × 151,67/1 254,31) — 1] = 0,26

Le coefficient de la réduction est égal à 0,26 (coefficient maximal).

Le montant mensuel de la réduction de cotisations est donc égal à : 1 254,31 × 0,26 = 326,12 euros.

Cotisations concernées par l'allègement de charges

525 Sont concernées les cotisations à la charge exclusive de l'employeur, dues au titre des assurances sociales, des allocations familiales, des accidents du travail et maladies professionnelles (exception faite des cotisations supplémentaires mises à la charge de l'employeur, compte-tenu des risques exceptionnels d'accidents du travail ou de maladies professionnelles présentés par l'exploitation).

La réduction ne concerne pas les charges sociales salariales qui demeurent dues dans leur intégralité.

Des dispositions spécifiques sont prévues pour certains salariés :

- les personnels d'entreprises de transport routier de marchandises;

– les intérimaires ;
– les salariés dont la rémunération ne peut être déterminée sur le mois en fonction d'un horaire de travail (exemple : cadre sous convention de forfait en heures sur l'année) ;
– les salariés dont le contrat de travail est suspendu.

SE RENSEIGNER

Il est possible de procéder à une simulation de calcul des cotisations sociales restant à la charge de l'employeur à l'adresse : www.calcul.urssaf.fr/loifillon.htm

Formalités

526 La procédure d'application de la réduction est déclarative ; l'employeur doit donc calculer lui-même chaque mois la réduction. Il en impute le montant total sur les cotisations de Sécurité sociale à sa charge.

L'employeur doit établir un document justificatif, par mois civil, du montant des réductions qu'il a appliquées. Ce document est tenu à disposition des inspecteurs du recouvrement des cotisations sociales.

Il doit mentionner :
– le nombre de salariés ouvrant droit à la réduction ;
– le montant total des réductions appliquées ;
– l'identité de chaque salarié ;
– le montant de la rémunération brute versée ;
– le nombre d'heures rémunérées ;
– le coefficient issu de l'application de la formule de calcul ;
– le montant de la réduction appliquée.

REMARQUE

Cette réduction est cumulable avec :
- la réduction forfaitaire due au titre de l'avantage en nature dans le secteur des hôtels, cafés et restaurants;
- le dispositif du contrat « jeunes en entreprise ».

Le cumul est toutefois limité au montant total des cotisations dues pour chaque salarié.

6. Aides à l'emploi

Il existe de très nombreuses aides à l'emploi aux plans local, départemental ou régional. De même, l'ANPE met en œuvre un ensemble de dispositifs complexes et propres à chaque situation. Il convient donc, avant toute embauche, de se renseigner auprès de la mairie, du conseil général, du conseil régional et de l'agence locale de l'ANPE.

Aides liées au type d'emploi

Les emplois en alternance (contrat d'apprentissage et contrat de professionnalisation) ouvrent droit à des allégements de charges sociales et à une aide financière directe.

1. Aides à l'emploi dans le cadre du contrat d'apprentissage

601 Le contrat d'apprentissage ouvre droit à une exonération de charges sociales dont le niveau est variable selon la taille de l'entreprise. Il donne également droit au versement par la Région d'une aide financière.

Exonération de charges sociales

602 L'exonération de charges sociales prend fin dès que l'apprenti a obtenu son diplôme.

Entreprises artisanales ou employant 10 salariés au plus

603 Dans les entreprises artisanales, inscrites au répertoire des métiers, et dans les entreprises employant dix salariés au plus, le contrat d'apprentissage ouvre droit à une exonération totale de cotisations sociales patronales et salariales sur le salaire versé à l'apprenti, à l'exception des cotisations dues au titre des accidents du travail, des maladies professionnelles.

Entreprises de plus de dix salariés

604 Dans les entreprises employant plus de dix salariés, le contrat d'apprentissage ouvre droit à une exonération totale de cotisations sociales patronales de Sécurité sociale (assurance maladie, maternité, assurance vieillesse, allocations familiales) à l'exception des cotisations dues au titre des accidents du travail et des maladies professionnelles.

Les autres cotisations sont dues et sont calculées sur une base forfaitaire, inférieure à la rémunération minimale de l'apprenti.

Cette assiette forfaitaire est égale au salaire minimum légal de l'apprenti diminué d'une fraction égale à 11 % du SMIC (même si le salaire versé à l'apprenti est supérieur au minimum légal).

REMARQUE

Le calcul de l'effectif ne prend pas en compte le ou les apprenti(s). L'effectif se décompte conformément aux dispositions de l'article L. 620-10 du Code du travail.

Indemnité compensatrice forfaitaire

605 Le contrat d'apprentissage ouvre droit à une indemnité compensatrice forfaitaire versée à l'employeur par la Région qui détermine la nature, le niveau et les conditions d'attribution de cette indemnité.

Le montant minimal de l'indemnité est fixé à 1 000 euros pour chaque année du cycle de formation. Ce montant est calculé au *prorata* de la durée du contrat lorsque celle-ci est inférieure à un an (avec un minimum de six mois).

SE RENSEIGNER

Pour connaître le montant de l'aide versée par la Région, il convient de vous rapprocher des services en charge de l'apprentissage au sein du Conseil régional, de la Chambre de commerce ou de la Chambre des métiers.

Pour Paris et la région parisienne, vous pouvez consulter les sites suivants :

www.dfc.ccip.fr

www.cfarif.net

ou appeler le conseil régional d'Île-de-France au 0 810 18 18 18 (prix d'un appel local).

606 L'employeur est tenu de **reverser à la Région l'aide perçue** dans les cas suivants :

- lorsqu'il est confronté à une décision d'opposition de la Direction Départementale du Travail, de l'Emploi et de la Formation Professionnelle à l'engagement d'apprentis;
- lors d'une rupture du contrat de travail en cas de risque sérieux d'atteinte à la santé ou à l'intégrité physique ou morale de l'apprenti;
- lorsque l'employeur viole ses obligations contractuelles, notamment le suivi et la formation pratique de l'apprenti;
- lorsque le contrat est rompu par l'employeur après les deux premiers mois de l'apprentissage ou sans commun accord avec l'apprenti;
- lorsque la résiliation du contrat est prononcée par les prud'hommes aux torts de l'employeur.

SE RENSEIGNER

Pour toutes les informations utiles, reportez-vous au livre *Le guide de l'apprentissage* publié dans la même collection.

2. Aides à l'emploi dans le cadre du contrat de professionnalisation

607 Le contrat de professionnalisation ouvre droit à une exonération de cotisations sociales patronales, au versement d'une aide financière par l'État et à la prise en charge des frais de formation par les organismes collecteurs.

Exonération des cotisations sociales patronales

608 L'article L. 981-6 du Code du travail accorde une exonération des cotisations patronales de Sécurité sociale (assurance maladie, maternité, assurance vieillesse, allocations familiales) à l'exception des cotisations dues au titre des accidents du travail, des maladies professionnelles sur les rémunérations versées :

– aux personnes âgées de moins de 26 ans;
– aux demandeurs d'emploi de 45 ans et plus.

REMARQUE

Les personnes âgées de 26 à 44 ans titulaires d'un contrat de professionnalisation ne bénéficient pas de cette exonération.

609 L'exonération est limitée à la fraction de rémunération correspondant au SMIC horaire multiplié par le nombre d'heures rémunérées retenu dans la limite de la durée légale du travail calculée sur le mois ou, si elle est inférieure, dans la limite de la durée conventionnelle applicable dans l'établissement.

Elle s'applique jusqu'à la fin du contrat (s'il s'agit d'un CDD) ou jusqu'à la fin de l'action de professionnalisation (dans le cas d'un CDI).

REMARQUE

Cette exonération ne peut pas se cumuler, pour un même salarié, avec une autre exonération totale ou partielle de cotisations patronales ou avec l'application de taux spécifiques, d'assiettes ou de cotisations forfaitaires.

Aide financière de l'État

Aide forfaitaire pour la conclusion d'un contrat de professionnalisation avec certains jeunes

610 Peut bénéficier d'un soutien de l'État l'employeur qui conclut un contrat de professionnalisation à durée indéterminée avec :

– un jeune âgé de 16 à 25 ans révolus qui réside en zone urbaine sensible;

– un jeune titulaire du contrat d'insertion dans la vie sociale (CIVIS) ;
– un jeune âgé de 16 à 25 ans révolus dont le niveau de formation est inférieur au diplôme du baccalauréat.

La durée du travail stipulée au contrat doit être au moins égale à la moitié de la durée du travail applicable dans l'établissement.

611 L'aide est fixée à **200 euros par mois** pour un contrat à temps plein. Pour les salariés à temps partiel, le montant du soutien est réduit selon le rapport entre la durée prévue au contrat de travail et la durée légale ou la durée conventionnelle si elle est inférieure à la durée légale.

Aide supplémentaire pour les groupements d'employeurs

612 Une aide de l'État peut être accordée aux groupements qui organisent, dans le cadre du contrat de professionnalisation, des parcours d'insertion et de qualification au profit :

– de jeunes de 16 à 25 ans sortis du système scolaire sans qualification ou rencontrant des difficultés particulières d'accès à l'emploi ;
– de demandeurs d'emploi âgés de plus de 45 ans.

Son montant est fixé par accompagnement et par année pleine.

Prise en charge des frais de formation

Financement des dépenses de formation

613 En l'absence de forfaits horaires fixés par accord collectif, la prise en charge des dépenses exposées par l'employeur au titre des actions d'évaluation, d'accompagnement et de formation

par les organismes collecteurs se fait sur la base de 9,15 euros par heure.

Lorsque les dépenses exposées par l'employeur sont supérieures aux montants forfaitaires fixés par accord collectif, les excédents sont imputables sur la participation au financement de la formation professionnelle continue.

Remboursement des dépenses de tutorat

614 Les organismes collecteurs peuvent prendre en charge les dépenses exposées pour la formation du tuteur, dans la limite d'un plafond de 15 euros par heure de formation et pour une durée maximale de 40 heures.

Les organismes collecteurs peuvent également participer au financement des dépenses liées à l'exercice de la fonction de tuteur, dans la limite d'un plafond de 230 euros par mois et par bénéficiaire, pour une durée maximale de six mois.

Aides liées à la situation du salarié

L'employeur peut bénéficier d'aides à l'emploi lorsqu'il embauche un salarié présentant une particularité : jeune travailleur connaissant des difficultés d'insertion dans l'emploi, chômeur de longue durée, bénéficiaire de minima sociaux, travailleur handicapé, senior...

1. Contrat initiative emploi

620 Le contrat initiative emploi (CIE) est un contrat aidé qui facilite, grâce à l'octroi d'une aide financière à l'employeur, l'accès à l'emploi des personnes rencontrant des difficultés d'insertion professionnelle.

Depuis le 1er mai 2005, le bénéfice du CIE dépend de critères fixés dans chaque région par arrêté préfectoral et appréciés par l'agence nationale pour l'emploi (ANPE) compétente.

Bénéficiaires

621 Le CIE s'adresse à tous les employeurs, à l'exception des particuliers, qui recrutent une personne sans emploi, inscrite ou non à l'ANPE, rencontrant des difficultés sociales et professionnelles d'accès à l'emploi. Il peut donc s'agir, par exemple, de bénéficiaires de minima sociaux comme des jeunes sortis du système scolaire. En tout état de cause, les catégories de personnes éligibles au CIE sont fixées chaque année par un arrêté du préfet de Région.

REMARQUE

L'entreprise ne peut pas conclure de CIE si elle a procédé à un licenciement économique dans les six mois précédant l'embauche ou a licencié un salarié en contrat à durée indéterminée sur le même poste en vue de recourir au CIE.
Par ailleurs, l'employeur doit être à jour de ses cotisations et contributions sociales.

Caractéristiques du contrat

Conclusion du contrat

622 Le CIE est un contrat de travail écrit à durée indéterminée ou à durée déterminée de vingt-quatre mois maximum, à temps plein ou à temps partiel (20 heures par semaine minimum).

Le CIE conclu pour une durée déterminée n'ouvre pas droit au versement de l'indemnité de fin de contrat à durée déterminée. De même, les dispositions relatives au délai de carence entre deux CDD ne s'appliquent pas au CIE à durée déterminée.

Les salariés en CIE bénéficient de l'ensemble des dispositions conventionnelles applicables dans l'entreprise ainsi que d'une rémunération qui ne peut être inférieure au SMIC ou au minimum conventionnel.

REMARQUE

Pendant toute la durée de la convention initiative emploi, soit au maximum vingt-quatre mois, les salariés en CIE ne sont pas pris en compte dans le calcul de l'effectif de l'entreprise, sauf pour la tarification des risques d'accidents du travail et de maladies professionnelles.

Les salariés en CIE sont, néanmoins, électeurs ou éligibles aux élections d'institutions représentatives du personnel s'ils remplissent les conditions d'ancienneté requises.

Suspension du contrat

623 Le salarié en CIE peut demander à suspendre son contrat afin d'effectuer une période d'essai liée à une offre d'emploi visant une embauche en contrat à durée indéterminée ou à durée déterminée d'au moins six mois.

En cas d'embauche à l'issue de la période d'essai, le CIE est rompu sans préavis.

Toute suspension du CIE doit faire l'objet d'une information auprès de l'ANPE et du CNASEA (Centre national pour l'aménagement des structures des exploitations agricoles), organisme chargé du versement de l'aide, dans un délai de sept jours.

Rupture du contrat

624 Le CIE conclu à durée déterminée ne peut être rompu avant son terme sauf :

- accord des parties;
- faute grave du salarié;
- force majeure;
- à l'initiative du salarié en vue d'une embauche en contrat à durée indéterminée, en contrat à durée déterminée d'au moins six mois ou pour suivre une formation qualifiante.

Aide financière aux entreprises

625 L'embauche en CIE ouvre droit, pour l'employeur, au versement par le CNASEA d'une aide financière mensuelle qui ne peut excéder 47 % du taux brut horaire du SMIC.

Le montant et la durée de l'aide sont fixés selon la situation locale, les caractéristiques du bénéficiaire et les efforts de l'employeur pour financer des actions de formation et d'accompagnement.

En cas de suspension du CIE, l'aide est, également, suspendue sauf s'il y a maintien du salaire. De même, la résiliation de la convention, signée avec l'ANPE, suite à la rupture du contrat de travail à l'initiative de l'employeur, entraîne le reversement intégral des aides déjà perçues sauf en cas de faute du salarié, force majeure, licenciement pour inaptitude médicalement constatée, rupture du fait du salarié ou accord des parties ou, enfin, embauche du salarié par l'employeur.

Formalités

626 L'entreprise doit **signer avec l'ANPE dont elle dépend une convention** ouvrant droit au bénéfice du CIE avant ou au moment de l'embauche.

REMARQUE

La conclusion d'un CIE n'est pas un droit. L'ANPE apprécie au cas par cas sa nécessité pour favoriser l'insertion professionnelle durable d'une personne privée d'emploi, compte tenu des priorités gouvernementales.

Cette convention précise, notamment, les engagements de chaque partie, le montant de l'aide, les modalités de son versement et les actions de formation.

L'employeur doit envoyer tous les trois mois au CNASEA une attestation de présence du salarié ainsi que la copie des bulletins de salaires. La non-transmission de ces documents suspend le versement de l'aide.

SE RENSEIGNER

Pour plus d'informations, vous pouvez consulter les sites suivants :
www.travail.gouv.fr
www.cerfa.gouv.fr (formulaire cerfa n° 12498 *01)
www.cnasea.fr
www.inforeg.ccip.fr

2. Contrat jeune en entreprise

627 Afin de favoriser l'insertion professionnelle des jeunes, le contrat jeune en entreprise (CJE) permet à l'employeur, qui conclut un contrat à durée indéterminée avec un jeune de 16 à 25 ans peu ou pas qualifié, de bénéficier d'une aide financière.

Bénéficiaires

628 Sont concernées toutes les entreprises, à l'exclusion des particuliers employeurs, qui recrutent un jeune :

– âgé de 16 à 25 ans révolus non titulaire du baccalauréat;

– âgé de 16 à 25 ans révolus qui réside en zone urbaine sensible (ZUS) ;
– titulaire du contrat d'insertion dans la vie sociale (CIVIS) conclu avec l'État.

L'intéressé ne doit pas avoir été employé dans l'entreprise au cours des douze mois précédant l'embauche, sauf s'il était titulaire d'un contrat à durée déterminée arrivant normalement à échéance ou bien s'il était intérimaire.

REMARQUE

L'entreprise ne doit pas avoir procédé à un licenciement économique dans les six mois précédant l'embauche. Elle doit être à jour du versement de ses cotisations et contributions sociales.

Caractéristiques du contrat

629 Il s'agit d'un contrat à durée indéterminée, à temps plein ou à temps partiel, dès lors que la durée du travail stipulée au contrat est au moins égale à la moitié de la durée collective du travail applicable dans l'entreprise.

Le jeune pourra ne pas respecter le préavis applicable en cas de démission s'il quitte son emploi pour conclure un contrat d'apprentissage, un contrat d'insertion en alternance ou s'il part suivre une formation entrant dans le cadre de la formation professionnelle continue (art. L. 322-4-6-2 du Code du travail).

La rémunération du salarié est au moins égale au SMIC ou au salaire minimum conventionnel, s'il est plus favorable.

Aide financière

630 Pour les contrats conclus à temps plein, le montant de l'aide est fixé à 400 euros par mois. L'aide est versée pendant deux ans à compter de l'embauche avec un abattement de 50 % la deuxième année.

Formalités

631 L'employeur doit déposer sa demande d'aide auprès de l'ASSEDIC dont il relève au plus tard dans le délai de trois mois suivant l'embauche. Cette demande est ensuite transmise à la Direction Départementale du Travail, de l'Emploi et de la Formation Professionnelle (DDTEFP).

SE RENSEIGNER

Le formulaire de demande est disponible sur le site du ministère du Travail à l'adresse suivante : www.travail.gouv.fr

La demande doit comporter l'engagement de l'employeur de respecter les conditions générales d'attribution de l'aide ainsi qu'une déclaration du salarié relative à son identité, son âge et son niveau de formation.

L'employeur doit avertir l'ASSEDIC en cas de rupture, de suspension ou modification du contrat de travail.

Dans l'hypothèse d'une rupture du contrat de travail à l'initiative de l'employeur avant le terme des deux ans, le montant de l'aide doit être intégralement reversé par l'employeur à l'État. Toutefois, le reversement n'est pas dû dans les cas suivants :
- rupture intervenant au cours de la période d'essai;
- licenciement pour faute grave ou lourde, pour force majeure, pour inaptitude professionnelle ou médicalement constatée ou pour motif économique.

3. Contrat d'insertion-revenu minimum d'activité

632 Le contrat d'insertion-revenu minimum d'activité (CIRMA) est un contrat à temps partiel, de 20 heures au minimum, ou à temps plein, permettant l'emploi et la formation de certaines catégories de personne rencontrant des difficultés particulières de (ré) insertion professionnelle. Tout employeur qui procède à cette embauche bénéficie d'une aide financière de l'État sous réserve de la signature d'une convention.

Bénéficiaires

Salariés concernés

633 Peuvent conclure un contrat RMA :

- les bénéficiaires du RMI;
- les bénéficiaires de l'allocation parent isolé (API), de l'allocation de solidarité spécifique (ASS) ou de l'allocation aux adultes handicapés (AAH) qui rencontrent des difficultés particulières d'emploi.

Les périodes de droit à l'ASS, au RMI et à l'API se cumulent.

Employeurs concernés

634 Les employeurs du secteur privé peuvent conclure un contrat CIRMA s'ils répondent aux conditions suivantes :

- être affiliés au régime d'assurance chômage;
- ne pas avoir procédé à un licenciement pour motif économique dans les six mois précédant la date d'effet du contrat;
- ne pas avoir licencié un salarié en CDI pour procéder à une embauche en CIRMA;
- être à jour du versement des cotisations et contributions sociales.

REMARQUE

Pendant toute la durée de la convention, les bénéficiaires de CIRMA ne sont pas pris en compte dans le calcul de l'effectif du

personnel des entreprises dont ils relèvent pour l'application des mesures législatives et réglementaires qui se réfèrent à une condition d'effectif minimum de salariés (exception pour la tarification des risques d'accidents du travail et des maladies professionnelles).

Convention préalable obligatoire

635 L'employeur doit, préalablement à l'embauche, conclure une convention par laquelle il permet au salarié d'acquérir un savoir-faire professionnel.

Cette convention est signée avec :

- le président du Conseil général pour les bénéficiaires du RMI ;
- l'ANPE pour les bénéficiaires de l'ASS, de l'API ou de l'allocation adulte handicapé.

Cette convention est conclue pour une durée minimale de six mois ou de trois mois pour les personnes bénéficiant d'un aménagement de peine. Elle peut être renouvelée. Dans ce cas, sa durée ne peut être inférieure à trois mois.

Caractéristiques du contrat de travail

Conclusion du contrat

636 Le CIRMA est un contrat écrit qui peut revêtir la forme d'un contrat à durée déterminée (CDD), d'un contrat de travail temporaire ou d'un contrat à durée indéterminée (CDI).

Le contrat est conclu pour une période initiale de six mois au minimum. La durée du CIRMA, quand il n'est pas un CDI, ne peut excéder dix-huit mois, renouvellement compris.

Le contrat peut être conclu à temps plein ou à temps partiel. Dans ce dernier cas, la durée hebdomadaire doit être au minimum de 20 heures.

Actions d'accompagnement ou de formation

637 Les conventions CIRMA peuvent prévoir des actions d'accompagnement, de formation professionnelle ou de validation des acquis de l'expérience. L'employeur peut prendre en charge ces actions de formation et désigner au sein de l'entreprise un tuteur afin d'accompagner le salarié dans la réalisation de son travail. En outre, de telles actions sont organisées par l'ANPE, les Conseils généraux et les Régions en faveur de ces salariés.

Suspension et rupture du contrat

638 En cas de renouvellement, suspension ou rupture anticipée du contrat, l'employeur doit en informer dans un délai de sept jours francs l'organisme chargé du versement de l'aide.

Le salarié peut demander la suspension de son contrat de travail pour effectuer une période d'essai dans le cadre d'une embauche en CDI ou en CDD d'au moins six mois. En cas d'embauche, et à l'issue de la période d'essai, le CIRMA est rompu sans préavis.

Le contrat, conclu pour une durée déterminée ou sous la forme d'un contrat de travail temporaire, peut être rompu à l'échéance du terme ou pour un motif justifiant une rupture anticipée. Ces cas de rupture sont :

- la faute grave;
- la force majeure;
- un accord entre les parties;
- une embauche en CDI ou en CDD d'au moins six mois;
- le suivi d'une formation afin d'obtenir une qualification reconnue.

REMARQUE

Toute suspension ou toute rupture anticipée oblige l'employeur à en informer le président du Conseil général ou l'ANPE dans un délai de sept jours et à fournir les documents justificatifs (copie de la lettre de rupture, tout document justifiant une embauche en CDI ou en CDD d'au moins six mois ou le suivi d'une formation par exemple).

Rémunération et aide versée à l'employeur

639 La rémunération versée par l'employeur est au moins égale au produit du SMIC horaire (soit 8,27 euros depuis le 1er juillet 2006) multiplié par le nombre d'heures de travail effectuées (20 heures hebdomadaires au minimum).

Pendant la durée de la convention, l'employeur perçoit en contrepartie de cette embauche une aide départementale équivalente au RMI pour une personne seule (soit 440,86 euros pour 2007). Elle est versée mensuellement, quelle que soit la durée de travail du bénéficiaire du CIRMA.

En cas de suspension du contrat, l'aide cesse d'être versée à moins que l'employeur ne maintienne le salaire.

Toute rupture anticipée a pour effet de mettre fin au versement de l'aide. L'employeur doit alors reverser l'aide perçue, sauf dans les cas suivants :

- l'embauche du salarié par l'employeur;
- la faute du salarié;
- la force majeure;
- la rupture du contrat pour inaptitude médicalement constatée;
- la rupture du fait du salarié;
- la rupture d'un commun accord entre les parties;
- la rupture de la période d'essai.

En cas de rupture du CIRMA (à durée déterminée ou temporaire) pour un motif autre que ceux susmentionnés, en cas de non-renouvellement ou en cas de rupture du CIRMA à durée indéterminée et si le bénéficiaire n'exerce pas d'activité professionnelle rémunérée, le versement de l'allocation dont il bénéficiait avant la conclusion du contrat de travail est rétabli ou maintenu.

4. Aide à l'insertion d'un travailleur handicapé

640 Cette aide a pour objectif d'encourager les entreprises à poursuivre leurs efforts en faveur de l'embauche des personnes handicapées. Elle permet donc également à ces personnes d'accéder à un emploi.

Champ d'application de l'aide

641 Les **employeurs concernés** sont :

- les entreprises et employeurs du secteur privé quelle que soit leur forme juridique;
- les entreprises, organismes et établissements publics exclusivement soumis au droit privé (entreprises publiques ou nationalisées, établissements publics à caractère industriel et commercial).

Les **salariés concernés** sont les salariés reconnus handicapés par les commissions des droits et de l'autonomie des personnes handicapées (CDAPH), mais pas seulement (voir n° 180).

Conditions d'octroi de l'aide

642 Pour bénéficier de l'aide, l'employeur doit conclure :

- soit un contrat à durée indéterminée;

- soit un contrat à durée déterminée d'une durée égale ou supérieure à douze mois;
- soit un contrat de professionnalisation ou d'apprentissage.

Il devra y mentionner une durée de travail au moins égale à 16 heures par semaine, ou à une moyenne hebdomadaire de 16 heures sur l'année.

N'ouvrent donc pas droit à l'aide :
- le contrat de travail temporaire;
- la succession de contrats à durée déterminée inférieurs à douze mois;
- le contrat d'expatrié et tous les contrats conclus avec un employeur établi hors du territoire national;
- le contrat de VRP multicartes;
- le contrat de rééducation en entreprise chez le même employeur;
- le contrat conclu dans le cadre de chantiers ou d'ateliers d'insertion et avec des entreprises d'insertion par l'économique.

Montant de l'aide

643 Il s'agit d'une aide forfaitaire. Ainsi, à l'acceptation du dossier, l'entreprise bénéficiera de 1 600 euros. Le salarié handicapé, quant à lui, aura droit à une subvention forfaitaire s'élevant à 800 euros non renouvelable. En cas de multisalariat, la prime ne peut être versée qu'au titre d'un seul emploi.

Des aides particulières à la formation en alternance sont prévues si l'entreprise conclut un contrat d'apprentissage ou de professionnalisation.

SE RENSEIGNER

AGEFIPH 192, avenue Aristide Briand, 92226 Bagneux Cedex, tél. 01 46 11 01 55
www.agefiph.fr

Formalités

644 Un dossier de demande de prime à l'insertion doit être retiré auprès de l'AGEFIPH. Une fois complété et co-signé par l'employeur et le salarié, ce dossier doit être retourné à ce même organisme accompagné des pièces suivantes :

- une copie du contrat de travail;
- une copie du bulletin de salaire du premier mois de travail effectif;
- un justificatif du statut de bénéficiaire de l'article L. 323-3 du Code du travail;
- une copie de l'avis d'aptitude médicale à l'embauche (volet employeur);
- un relevé d'identité bancaire de l'employeur.

Pour être recevable, la demande de subvention doit parvenir à l'AGEFIPH au plus tard six mois après la date d'embauche.

5. Aide dégressive à l'employeur

645 L'embauche d'un demandeur d'emploi, âgé de 50 ans et plus ou inscrit comme demandeur d'emploi depuis au moins douze mois au moment de son embauche, bénéficiaire de l'ARE (allocation d'aide au retour à l'emploi) et confronté à des difficultés particulières de réinsertion, peut permettre de bénéficier de l'aide dégressive à l'employeur (ADE).

L'entreprise doit cependant satisfaire aux quatre conditions suivantes :

- être affiliée au régime d'assurance chômage;
- être à jour de ses contributions à l'assurance chômage au moment de l'embauche;
- ne pas avoir fait l'objet d'un procès-verbal pour travail illégal;

– ne pas avoir procédé à un licenciement pour motif économique dans les douze mois précédant l'embauche.

REMARQUE

Si l'allocataire est âgé de 50 ans ou plus, il ne doit pas avoir été, au titre de son dernier emploi, salarié de l'entreprise.

Modalités d'octroi de l'aide

646 Le contrat ouvrant droit à l'ADE peut être à durée déterminée de douze mois minimum et dix-huit mois maximum ou indéterminée, à temps partiel ou à temps complet.

REMARQUE

L'aide est versée pour des embauches portant sur des métiers répertoriés et selon des orientations définies par le Groupe paritaire national de suivi (GPNS), après vérification de l'ASSEDIC. Pour toute information complémentaire, contacter l'ASSEDIC.

L'embauche ne peut pas prendre la forme d'un contrat aidé.

Montant de l'aide

647 Le montant de l'aide est déterminé en fonction d'un pourcentage du salaire brut d'embauche. En tout état de cause, l'aide ne peut être supérieure au montant brut de l'allocation d'aide au retour à l'emploi que percevait le chômeur à la veille de son embauche.

Le montant de l'aide est fixé comme suit :

– 40 % du montant du salaire d'embauche pendant la première année (dans le cas d'un CDI) ou le premier tiers de la période (dans le cas d'un CDD) ;
– 30 % du montant du salaire d'embauche pendant la deuxième année (CDI) ou le deuxième tiers (CDD) ;

– 20 % du montant du salaire d'embauche pendant la troisième année (CDI) ou le troisième tiers (CDD).

En cas de modification de la durée du travail, le montant est recalculé.

Formalités

648 Pour bénéficier de cette aide, l'employeur doit conclure une convention avec l'ASSEDIC du lieu de résidence de l'allocataire. Un modèle de convention est arrêté par l'UNEDIC.

Versement de l'aide

Durée du versement

649 Le versement de l'aide intervient chaque mois, à terme échu, sous réserve que le contrat de travail soit toujours en cours et que l'employeur soit à jour du versement de ses contributions. L'aide dégressive est versée pour la durée correspondant au reliquat du droit à indemnisation de l'allocataire. Elle est versée pendant une durée maximale de trois ans.

Suspension du versement

650 Le versement de l'aide est interrompu en cas de suspension du contrat de travail pour maladie ou maternité ou en cas de fermeture de l'entreprise pour congés payés, d'une durée d'au moins quinze jours. Cette interruption proroge d'autant le versement de l'aide.

Cessation du versement

651 L'aide dégressive cesse d'être versée dans deux cas :
– rupture (CDI) ou échéance (CDD) du contrat;

– non-respect par l'employeur de ses obligations résultant de la convention d'aide dégressive.

6. Aide à la formation préalable à l'embauche

652 Cette aide, qui intervient avant l'embauche, permet à l'employeur de former un demandeur d'emploi afin de répondre à ses propres besoins spécifiques.

Bénéficiaires

653 Toutes les entreprises qui ont conclu une convention d'aide à la formation avec l'ASSEDIC peuvent en bénéficier, après un dépôt d'offre d'emploi à l'ANPE. Le salarié recruté doit alors être un chômeur inscrit comme demandeur d'emploi, bénéficiaire de l'Aide au retour à l'Emploi. Durant la formation, l'intéressé a le statut de stagiaire de la formation professionnelle.

Modalités d'octroi de l'aide

654 L'employeur doit conclure une convention avec l'ASSEDIC après le dépôt de l'offre d'emploi à l'ANPE. Cette convention précise les objectifs de l'action de formation, son contenu, sa durée, ses modalités de financements et l'embauche qui en découle.

La formation a pour objet de faire acquérir au stagiaire les compétences nécessaires pour occuper l'emploi proposé. Sa durée est de 450 heures au maximum. Elle débute dès la signature de la convention par l'employeur et dès l'apposition du visa du Directeur de l'agence locale pour l'emploi.

La formation doit être effectuée en entreprise. Elle peut aussi être assurée par un organisme extérieur auquel l'entreprise confie la formation de son futur salarié.

À l'issue de la formation, le stagiaire doit être embauché soit en CDI, soit en CDD d'au moins six mois. Le contrat peut être conclu à temps plein ou à temps partiel d'au moins 20 heures hebdomadaires.

SE RENSEIGNER

Pour tout renseignement, contactez l'ANPE locale.

Montant de l'aide

655 Le montant de l'aide est fixé comme suit :

- pour l'**employeur** : une somme destinée à financer les frais de fonctionnement de la formation, calculée sur la base d'un coût horaire moyen fixé par l'ASSEDIC, en référence aux coûts pratiqués pour ce même type de prestation. Le montant maximum est de 7,70 euros HT par heure et ne doit pas dépasser un coût global de 1 525 euros HT. Cette somme est versée par l'ASSEDIC à la fin du stage et sur présentation d'une facture ;
- pour le **stagiaire** : des indemnités de stage, dans la limite de ses droits à l'allocation d'aide au retour à l'emploi. Dès lors que la formation s'effectue dans une localité éloignée du lieu de résidence habituel, l'ASSEDIC peut prendre en charge les frais de transport et d'hébergement.

7. Aide à la mobilité géographique

656 Cette aide permet à l'employeur d'embaucher une personne dont le domicile est éloigné de l'entreprise.

Elle est destinée à compenser :

- les frais de séjour et de déplacements hebdomadaires du salarié ;

- les frais de double résidence du salarié;
- les frais de déménagement du salarié et tout autre frais lié à ce déménagement.

Bénéficiaires

657 Le bénéfice de l'aide est subordonné à l'embauche d'un chômeur inscrit comme demandeur d'emploi, bénéficiaire de l'Aide au Retour à l'Emploi (allocation versée dans le cadre du Plan d'Aide au Retour à l'Emploi).

Le salarié doit être engagé, dans le cadre d'un CDI ou d'un CDD d'au moins douze mois (temps plein ou temps partiel).

L'emploi doit se situer dans une localité éloignée de sa résidence habituelle selon l'un des deux critères suivants :

- la résidence habituelle et le lieu d'exercice de l'emploi nécessitent au minimum un aller-retour quotidien égal à 2 heures ou le lieu de travail est distant d'au moins 50 km aller-retour de la résidence habituelle pour bénéficier des frais de déménagement, des frais de séjour et de déplacement hebdomadaire;
- l'aller-retour est au moins égal à 3 heures ou le lieu de travail est au moins distant de 100 kilomètres pour bénéficier des frais de double résidence.

Le salarié doit établir une **demande adressée à l'ANPE.**

Montant et versement de l'aide

658 Le montant des aides est :

- au maximum de 1 000 euros pour les frais de déplacement et de séjour;
- au maximum de 1 500 euros pour les frais de double résidence;

– au maximum de 2 000 euros pour les frais de déménagement et tout autre frais lié à ce déménagement.

Le montant global des aides est plafonné à 3 000 euros.

L'aide est versée à l'allocataire, ou à l'organisme chargé d'assurer l'accompagnement de la mobilité, en fonction des frais exposés et déclarés par l'intéressé. L'ASSEDIC peut à tout moment demander des justificatifs des frais déclarés. Une avance de frais peut être accordée à l'allocataire sur la base d'un devis.

Aides liées à la situation de l'entreprise

L'implantation de l'entreprise dans des zones connaissant des difficultés économiques spécifiques ou l'implication de l'entreprise dans la recherche et le développement de nouvelles technologies peuvent ouvrir droit à des exonérations de charges sociales.

1. L'implantation de l'entreprise en zone franche urbaine

670 Les zones franches urbaines (ZFU) sont des quartiers de plus de 10 000 habitants, situés dans des zones dites sensibles ou défavorisées. Ils ont été définis à partir des critères suivants :

- taux de chômage;
- proportion de personnes sorties du système scolaire sans diplôme;
- proportion de jeunes;
- potentiel fiscal par habitant.

Les entreprises implantées ou devant s'implanter dans ces quartiers bénéficient d'un dispositif d'exonérations de charges fiscales et sociales.

SE RENSEIGNER

La liste des zones franches urbaines est disponible auprès de la direction départementale du travail, de l'emploi et de la formation professionnelle ou à l'adresse suivante : www.zones-franches.org

Entreprises concernées

671 Est concernée par le dispositif au titre de ses établissements situés dans la zone franche urbaine et disposant d'éléments d'exploitation ou de stocks nécessaires à la réalisation d'une activité économique effective en son sein toute entreprise industrielle, artisanale ou libérale, qui :

- est déjà implantée dans la zone franche urbaine à la date de sa délimitation ainsi que celle qui s'y implante, s'y crée ou y implante un établissement;

- dont l'effectif, tous établissements confondus, est au plus de 50 salariés;
- dont le chiffre d'affaires annuel hors taxe ou le total du bilan n'excède pas 10 millions d'euros tous établissements confondus;
- est à jour de ses cotisations sociales.

Les entreprises exerçant une activité de crédit-bail mobilier et de location d'immeubles à usage d'habitation sont exclues de ce dispositif.

L'effectif de 50 salariés s'apprécie conformément aux dispositions de l'article L. 620-10 du Code du travail.

Salariés concernés

672 Sont intéressés par le dispositif les salariés :
- embauchés ou travaillant déjà dans l'entreprise;
- titulaires d'un CDI ou d'un CDD d'au moins douze mois;
- dont l'activité réelle, régulière et indispensable à la bonne exécution du contrat de travail s'exerce soit totalement, soit partiellement, dans la ZFU;
- n'appartenant pas à des catégories pour lesquelles l'employeur bénéficie déjà d'une exonération de cotisations de Sécurité sociale.

Après l'embauche de deux salariés ouvrant droit à l'exonération, l'entreprise doit, pour continuer à bénéficier du dispositif ZFU, embaucher ou employer au moins un tiers de salariés résidant soit dans l'une des ZFU ou dans l'une des Zones urbaines sensibles (ZUS) de l'unité urbaine dans laquelle est située la ZFU d'implantation.

Cette condition est à examiner lors de toute nouvelle embauche, sous contrat à durée indéterminée ou à durée déterminée d'au moins douze mois.

Elle s'apprécie :
- soit par rapport aux embauches effectuées depuis la délimitation de la zone ou depuis l'implantation dans la zone;
- soit par rapport aux salariés employés.

Le salarié résident est une personne habitant la Zone urbaine sensible ou la ZFU depuis au moins trois mois consécutifs.

Ces trois mois s'apprécient :
- au 1er janvier de l'année de création de la ZFU (1997, 2004 ou 2006) pour le salarié présent dans l'entreprise déjà implantée dans la ZFU à cette date;
- à la date de création ou d'implantation de l'entreprise dans la zone si le salarié y est employé à cette date;
- à la date d'effet de l'embauche ou du transfert du salarié si elle est postérieure.

Le salarié résident doit être titulaire d'un CDI ou CDD d'au moins douze mois, conclu pour une durée minimale de 16 heures par semaine, heures complémentaires non comprises.

Exonération

Nature de l'exonération

673 L'exonération porte sur les cotisations patronales de Sécurité sociale (assurance maladie, maternité, assurance vieillesse, allocations familiales, accidents du travail et maladies professionnelles), la cotisation au fonds national d'aide au logement (FNAL) et le versement transport.

Elle est limitée à la fraction de rémunération égale à 1,4 SMIC horaire multiplié par le nombre d'heures rémunérées.

L'exonération est applicable à 50 salariés au plus (équivalents temps plein) au cours d'un mois civil. Cet effectif est apprécié au 1er jour de chaque mois.

Taux et durée de l'exonération

Période initiale d'exonération		Sortie dégressive du dispositif
Salariés déjà présents dans l'entreprise située dans une ZFU à sa date de création Salariés présents dans l'entreprise lors de son implantation ou de sa création en ZFU	Exonération de 100 % des cotisations patronales pendant 5 ans à compter de la date de création de la ZFU ou de la date de création ou d'implantation de l'entreprise en ZFU	À l'expiration de la période initiale d'exonération à taux plein, l'exonération est dégressive Pendant 3 ans pour les entreprises de 5 salariés et plus, soit : – 60 % la 1re année – 40 % la 2e année – 20 % la 3e année Pendant 9 ans pour les entreprises de moins de 5 salariés, soit : – 60 % pendant les 5 premières années – 40 % la 6e et la 7e année – 20 % la 8e et la 9e année
Salariés embauchés dans les 5 ans suivant la date de création de la ZFU ou suivant la date d'implantation de l'entreprise en ZFU si celle-ci est postérieure	Exonération de 100 % des cotisations patronales pendant 5 ans à compter de la date d'embauche	
Salariés transférés au plus tard le 31 décembre 2011 d'un établissement situé hors ZFU vers un établissement situé en ZFU	Exonération de 100 % des cotisations patronales pendant 5 ans à compter de la date de transfert	
Salariés transférés d'un établissement situé en ZFU vers un établissement situé dans une autre ZFU	Pas d'exonération Toutefois, l'exonération sera applicable aux salariés embauchés dans la nouvelle ZFU et qui contribuent à accroître l'effectif de l'entreprise au-delà de l'effectif employé dans la ou les zones franches d'origine	

Spécificités liées à la date de création de la ZFU

674 Les ZFU ont été délimitées successivement le 1er janvier 1997, le 1er janvier 2004 et le 31 août 2006.

ZFU créées en 1997

L'exonération de 100 % des cotisations patronales pendant cinq ans à compter de la date de création de la ZFU pour les salariés déjà présents dans une entreprise située dans l'une des ZFU au 1er janvier 1997 n'est plus applicable depuis le 1er janvier 2002.

ZFU créées en 2004 et 2006

Pour les entreprises dont un établissement au moins est déjà implanté au 1er janvier 2004 ou au 1er août 2006 dans l'une des ZFU créées à ces dates, les exonérations fiscales et sociales s'appliquent dans la limite d'un plafond de 100 000 euros par entreprise et sur une période de trente-six mois, toutes exonérations fiscales et sociales confondues.

Ce plafond s'apprécie lors de l'entrée dans le dispositif puis chaque mois suivant. Il comprend, le cas échéant, toutes les aides publiques placées sous le régime « de minimis ».

Formalités

675 Lors de toute nouvelle embauche d'un salarié ouvrant droit à l'exonération, l'entreprise adresse une déclaration d'embauche spécifique à la Direction départementale du travail, de l'emploi et de la formation professionnelle (DDTEFP) et à l'Urssaf.

À défaut d'envoi de cette déclaration dans les trente jours suivant la date d'effet du contrat de travail, le droit à exonération est suspendu pour les rémunérations versées au salarié embauché. Cette suspension s'applique de la date d'effet de son contrat de travail jusqu'au jour de l'envoi ou du dépôt de cette déclaration à la DDTEFP et à l'Urssaf.

REMARQUE

Cette déclaration ne dispense pas de remplir la Déclaration unique d'embauche (voir n° 401).

676 Par ailleurs, l'entreprise appliquant l'exonération adresse à la DDTEFP et à l'Urssaf, pour chaque établissement situé en ZFU, une déclaration annuelle de mouvement de main-d'œuvre au titre de l'année précédente. Celle-ci doit être envoyée pour le 30 avril de chaque année. Ainsi, la déclaration 2007 devra être adressée au 30 avril 2008.

REMARQUE

L'implantation d'une entreprise dans **un bassin d'emplois à redynamiser (BER)** ouvre droit, sous certaines conditions, à une exonération de charges sociales.

L'exonération est applicable aux rémunérations versées aux salariés employés par une entreprise qui s'implante dans un BER entre le 1er janvier 2007 et le 31 décembre 2011. Elle porte sur les cotisations patronales de Sécurité sociale (assurance maladie, assurance vieillesse, allocations familiales, accidents du travail), de fonds national d'aide au logement (FNAL) et les cotisations de versement transport sur la fraction de rémunération limitée à 140 % du SMIC rapporté au nombre d'heures rémunérées. L'exonération est applicable pendant une période de sept ans à compter de la date d'implantation ou de la création en BER, pour les salariés déjà employés à cette date, et à compter de la date d'effet du contrat de travail, pour les salariés embauchés dans les conditions requises pendant les sept années suivant la date de l'implantation ou de la création en BER.

2. Dispositif relatif à la jeune entreprise innovante

677 Le statut de « Jeune Entreprise Innovante » (JEI), est accordé aux petites ou moyennes entreprises de moins de huit ans qui engagent des dépenses de recherche-développement représentant au moins 15 % de leurs charges, sous réserve qu'elles répondent aux différentes conditions posées.

SE RENSEIGNER

Pour plus d'informations, reportez-vous au *Guide de la jeune entreprise innovante* de Lison Chouraki, Éditions Delmas.

Conditions de bénéfice

678 La première condition à remplir par l'entreprise prétendant au statut de JEI tient au respect de critères d'effectif, de chiffre d'affaires ou de total du bilan.

Répondent à cette définition les entreprises qui, au titre de l'exercice ou de la période d'imposition pour laquelle elles prétendent au statut spécial, ont :

- employé moins de 250 personnes;
- réalisé un chiffre d'affaires inférieur à 40 millions d'euros ou disposé d'un total de bilan inférieur à 27 millions d'euros.

Par ailleurs, l'entreprise ne peut prétendre au statut de JEI que jusqu'à son huitième anniversaire.

De plus, l'entreprise doit justifier avoir réalisé à la clôture de chaque exercice au titre duquel elle veut bénéficier du statut de JEI des dépenses de recherche représentant au moins 15 % des charges totales engagées au titre de ce même exercice.

679 Enfin, pour pouvoir bénéficier du statut de JEI, la moitié au moins de son capital doit être détenu par :

- des personnes physiques;
- une ou des sociétés répondant à la définition des PME et détenues elles-mêmes à 50 % au moins par des personnes physiques;
- des associations ou fondations reconnues d'utilité publique à caractère scientifique;
- des établissements de recherche et d'enseignement et de leurs filiales;
- certaines structures d'investissement limitativement énumérées, sous réserve qu'il n'y ait pas de lien de dépendance entre ces structures et l'entreprise prétendant au statut de JEI (sociétés de capital-risque, fonds communs de placement à risque);
- des sociétés de développement régional;
- des sociétés financières d'innovation;
- des sociétés unipersonnelles d'investissements à risque (SUIR).

Avantages accordés

680 Dès lors que l'entreprise satisfait à la clôture d'un exercice aux conditions requises pour être qualifiée de JEI, elle peut bénéficier d'allègement d'impôts et d'exonération de cotisations sociales patronales.

Avantages fiscaux

681 La JEI bénéficie d'une exonération totale des bénéfices pendant trois ans suivie d'une exonération partielle de 50 % pendant deux ans. Ces années doivent toutefois être comprises dans la période au titre de laquelle l'entreprise concernée remplit les

conditions requises pour être qualifiée de JEI, et notamment celle relative à son âge (jusqu'à son huitième anniversaire).

L'entreprise bénéficie également d'une exonération totale d'imposition forfaitaire annuelle (IFA), tout au long de la période au titre de laquelle elle conserve le statut de JEI. L'exonération d'IFA est totale et ne subit aucune réduction.

Par ailleurs, sur délibération des collectivités territoriales, une entreprise qualifiée de jeune entreprise innovante peut bénéficier d'une exonération de la taxe professionnelle et de la taxe foncière sur les propriétés bâties pendant sept ans.

L'ensemble de ces aides fiscales accordées aux entreprises placées sous le régime de la JEI ne peut excéder le plafond des aides « de minimis » fixé par la Commission européenne, soit un montant d'impôt de 100 000 euros par période de trente-six mois pour chaque entreprise.

Exonérations de cotisations sociales patronales

682 L'entreprise qualifiée de JEI est exonérée de cotisations patronales de Sécurité sociale (assurance maladie, maternité, assurance vieillesse, allocations familiales, accidents du travail et maladies professionnelles) pour les chercheurs, les techniciens, les gestionnaires de projet de recherche-développement, les juristes chargés de la protection industrielle et des accords de technologie liés au projet et les personnels chargés de tests préconcurrentiels.

REMARQUE

L'exonération ne porte pas sur les cotisations supplémentaires mises à la charge de l'employeur, compte tenu des risques exceptionnels d'accidents du travail ou de maladies professionnelles.

683 Cette exonération est également ouverte aux mandataires sociaux relevant du régime général de Sécurité sociale.

Cela concerne :

- les gérants minoritaires de sociétés à responsabilité limitée et de sociétés d'exercice libéral à responsabilité limitée;
- les Présidents-directeurs généraux et Directeurs généraux de sociétés anonymes;
- les Présidents et Dirigeants de sociétés par actions simplifiées.

L'exonération totale de cotisations patronales de Sécurité sociale ne peut se cumuler avec une autre mesure d'exonération de cotisations patronales ou avec une aide de l'État à l'emploi.

Formalités

684 Pour bénéficier du statut de JEI, l'entreprise doit se déclarer à la Direction des Services fiscaux dont elle dépend.

Une entreprise qui souhaite s'assurer qu'elle remplit les critères lui permettant d'être qualifiée de jeune entreprise innovante peut solliciter l'avis de l'Administration qui dispose de quatre mois pour répondre à cette demande. À défaut de réponse motivée dans ce délai, un accord est réputé obtenu.

Pour pouvoir bénéficier de l'avis préalable, l'entreprise doit compléter le dossier prévu à cet effet et l'adresser à la Direction des Services fiscaux dont elle dépend.

LE DISPOSITIF « GAZELLES »

Les entreprises dont la masse salariale a augmenté d'au moins 15 % par rapport aux deux exercices précédents peuvent bénéficier d'une réduction d'impôt sur les sociétés (IS) et d'imposition forfaitaire annuelle (IFA).

Cette réduction s'applique aux exercices ouverts entre le 1er janvier 2006 et le 1er janvier 2009. Elle est plafonnée à 100 000 euros par période de trois années consécutives (le plafond est passé à 200 000 euros depuis le 1er janvier 2007).
Par ailleurs, l'entreprise bénéficie d'un report de paiement des cotisations sociales dues au titre des douze mois suivant l'exercice pour lequel la réduction d'impôt est calculée.

annexes et compléments

Modèles commentés

@ Lettres de réponse aux dossiers de candidature

Convocation à un entretien

Suite à notre conversation téléphonique, dans le cadre du recrutement en cours, nous vous confirmons votre rendez-vous avec ...., dans nos locaux ....

Indiquez l'adresse.

le .... à .... heures avec ....

Dans cette attente, nous vous prions d'agréer l'expression de nos sentiments distingués.

Lettre de mise en attente d'une candidature

La lettre et le curriculum vitæ que vous nous avez adressés nous sont bien parvenus. Nous en avons pris connaissance avec intérêt et vous remercions de votre confiance.

Nous intégrons votre dossier dans le recrutement d'un poste de .... que nous avons à pourvoir actuellement.

Toutefois, si vous n'avez pas de nouvelles de notre part dans un délai d'un mois, vous pourrez considérer que nous ne donnons pas suite à votre candidature.

Dans ce dernier cas, sauf avis contraire de votre part, nous vous proposons de conserver confidentiellement votre dossier de façon à pouvoir vous recontacter si une autre opportunité correspondant à votre profil et vos aspirations se présentait.

Dans cette attente, nous vous prions d'agréer l'expression de nos sentiments distingués.

Lettre de réponse négative à une candidature

La lettre et le curriculum vitæ que vous nous avez adressés nous sont bien parvenus. Nous en avons pris connaissance avec intérêt et vous remercions de votre confiance.

Malheureusement, nous ne pouvons donner une suite favorable à votre dossier, d'autres candidats ayant une expérience plus proche de ce que nous souhaitions.

Toutefois, si nous recherchons un collaborateur ayant votre expérience professionnelle, nous ne manquerons pas de reprendre contact avec vous. Aussi, sauf avis contraire de votre part, nous vous proposons de conserver confidentiellement votre dossier.

En vous souhaitant bonne chance dans vos recherches, nous vous prions d'agréer l'expression de nos sentiments distingués.

@ Exemple de compte rendu approfondi d'entretien d'embauche

CE MODÈLE PEUT ÊTRE TÉLÉCHARGÉ GRATUITEMENT SUR WWW.EDITIONS-DELMAS.COM

Prénom — Nom
Adresse :
Âge :
Code Postal — Ville :
Situation familiale :
Tél. :

FORMATION

Date :
Diplôme :
Spécificités :

PARCOURS PROFESSIONNEL

Juillet 1995 : Chaudronnier à la Société Z pour le compte de l'entreprise de chaudronnerie A.

Février 1996 : Service National effectué dans l'Armée de l'Air à Épinoy (62). C'est à cette période qu'il se renseigne sur les possibilités offertes pour se former. Il passe les tests pour suivre une formation de technicien avec l'AFPA. Il réussit les tests. Il intégrera cette formation en janvier 1998.

ÉLÉMENTS DE MOTIVATION

Pour quitter son poste :

Il souhaite occuper à temps complet un poste à responsabilités d'encadrement. Il ne voit pas de perspectives d'évolution motivantes dans le court terme dans son entreprise actuelle.

Il cherche à regagner la région (raisons familiales).

Il est motivé pour évoluer, il aime aller de l'avant.

Pour prendre le poste :

Il est très motivé par le dynamisme de l'entreprise T.

Il souhaite intégrer une entreprise qui a des perspectives motivantes pour l'avenir.

ÉLÉMENTS DE RÉMUNÉRATION

Actuelle : 30 K€/an

Statut : Agent de Maîtrise

Souhaitée : À négocier

DISPONIBILITÉ

Un mois de préavis qui peut, à son avis, se négocier.

CRITÈRES DE DÉCISION

Atouts :

A une expérience industrielle en production, travaille en cycle 4 × 8 heures.

Manage une équipe de 15 personnes en production.

Aime transmettre son savoir-faire.

Organisé, rigoureux.

Limites :

- N'a pas actuellement une responsabilité d'équipe à temps complet.
- Aime connaître les objectifs poursuivis.
- Autonome dans une structure bien organisée avec des objectifs définis.

CONCLUSION

Il est d'un abord calme et posé. Il s'exprime avec aisance et simplicité et parle de son travail de façon claire et précise.

Disponible, il est à l'écoute de son interlocuteur.

Son ascendance et son expérience de management d'équipe sont intéressantes pour le poste.

Son projet de changer de travail et de rythme de vie pour un poste de nuit est posé, réfléchi et discuté avec son épouse. Sa motivation pour ce challenge, sa persévérance dans ce qu'il entreprend sont des atouts pour réussir dans ce poste. On peut lui faire confiance pour mener à bien les objectifs donnés.

@ Tableau synthétique de l'entretien

SYNTHÈSE DE L'ENTRETIEN

Critères	1 –	2	3	4 +	Remarques
Forme d'intelligence					
Capacité à hiérarchiser les priorités					
Aptitude à mémoriser					
Jugements réfléchis					
Créatif					
...					
Personnalité					
Capacité à se remettre en cause					
Confiance en soi					
Maîtrise de soi					
Souplesse du caractère					
...					
Contact					
Aisance relationnelle					
Capacité à s'intégrer dans une équipe					
Diplomatie					
...					

Critères	1 –	2	3	4 +	Remarques
Tempérament					
Calme					
Nerveux					
Optimisme					
Spontané					
...					
Activité					
Puissance de travail					
Rapidité					
Besoin de variété et de renouvellement					
Adaptation rapide					
...					
Investissement personnel					
Besoin d'être stimulé					
Confiance en soi					
Maîtrise de soi					
Souplesse du caractère					
...					
Autonomie					
Esprit d'initiative					

Critères	1 –	2	3	4 +	Remarques
Capacité à provoquer les opportunités					
Capacité à saisir les opportunités					
Capacité à décider					
...					
Autorité					
Autorité naturelle (Charisme)					
Aptitude à convaincre					
Goût du management					
Aptitude à déléguer					
...					
Aptitudes particulières					
Sens commercial « conquête »					
Sens commercial « fidélisation »					
Sens de la qualité					
Rigueur					
...					

@ Contrat à durée indéterminée à temps complet

MISE EN GARDE

Ce modèle n'a qu'une valeur indicative. Il ne prend pas en compte les spécificités de la convention collective applicable à votre entreprise et ne saurait vous dispenser de consulter ce document de référence.

Entre les soussignés :

...., représentant de la société ...., immatriculée au RCS sous le numéro .... située à ...., en qualité de ....

ou

...., entrepreneur individuel immatriculé(e) au RCS sous le numéro .... dont le fonds de commerce est situé à ....

ci-après dénommé l'employeur,

Et

......................., de nationalité .... immatriculé(e) à la Sécurité sociale sous le numéro .... demeurant ....

Préciser « française » ou, le cas échéant, mentionner, pour un étranger, sa nationalité et le numéro de son titre de travail.

Si le salarié n'a jamais travaillé auparavant ou s'il était inscrit à la Sécurité sociale en tant qu'étudiant, l'inscription doit être demandée par l'employeur par le biais de la Déclaration Unique d'Embauche (DUE).

ci-après dénommé le salarié,

Il a été arrêté et convenu ce qui suit :

Article 1 : Engagement

Le salarié est embauché à compter du .... et sous réserve des résultats de la visite médicale d'embauche à passer à compter de .... ou dans un délai de ....

Il se déclare être, à compter de cette date, libre de tout engagement de nature à faire obstacle à l'exécution du présent contrat.

La date à faire figurer est la date de prise d'effet du contrat qui peut être différente de celle de la rédaction du contrat. Si une convention collective est applicable, il faut ajouter : « le titulaire du présent contrat est soumis aux conditions de la convention collective de ... (indiquer le titre et la date de la convention collective) ».

Article 2 : Fonctions et attributions

Le salarié est engagé en qualité de ...., ... et exercera les fonctions de ....

Préciser ici le poste exact du salarié.

S'il y a une convention collective applicable ajouter « au coefficient de ... ».

Pour l'exercice de son activité, le salarié sera placé sous l'autorité de ...., ou de toute autre personne qui pourrait être substituée à ce dernier.

Article 3 : Période d'essai

Il est convenu entre les parties au contrat de travail une période d'essai de .... au cours de laquelle chacune des parties pourra rompre sans préavis, ni indemnités et sans avoir à motiver sa décision.

Précisez le nombre de jours, semaines ou mois retenu. La durée de l'essai est librement déterminée par les parties dans la limite du raisonnable, sauf clause conventionnelle contraire ou usage en vigueur dans la profession.

En cas de suspension du contrat de travail, cette période d'essai sera prolongée d'une durée égale à ladite suspension.

Article 4 : Lieu de travail

Le salarié exercera ses fonctions dans les locaux situés à ....

Article 5 : Durée du travail

L'horaire de travail est déterminé en fonction de la catégorie professionnelle à laquelle appartient le titulaire. Il pourra être modifié pour assurer le bon fonctionnement de l'entreprise. Des heures supplémentaires pourront être effectuées dans le respect de la législation applicable.

> Ou convention collective applicable.

Le salarié effectuera .... heures par semaine, à raison de .... heures sur .... jours.

Article 6 : Rémunération

En contrepartie de son activité, le salarié percevra une rémunération mensuelle brute totale de .... euros.

> En cas de primes, avantages en nature, ajouter : « À cette rémunération s'ajoutent les primes suivantes : (préciser modalités de calcul, conditions d'octroi) ».

Article 7 : Frais professionnels

Les frais professionnels du salarié engagés dans l'exercice de ses fonctions lui seront remboursés sur présentation des justificatifs. Les notes de frais devront être contresignées par l'employeur.

> Si l'on souhaite évaluer les frais forfaitairement, opter pour la formulation suivante : « En remboursement des frais que le salarié engage dans le cadre de ses fonctions, il percevra une allocation forfaitaire mensuelle de ...... euros destinée à couvrir le coût de ses déplacements professionnels ».

Article 8 : Congés payés

Le salarié bénéficiera de .... jours de congés payés par an. Les dates de congés seront arrêtées par l'employeur.

Il faut consulter la convention collective applicable; la loi impose un minimum de 2,5 jours ouvrables par mois à défaut de dispositions conventionnelles plus favorables.

Article 9 : Droits collectifs

Le présent contrat est soumis à la convention collective .... applicable à l'entreprise.

S'il existe une convention collective applicable dans l'entreprise.

Article 10 : Préavis

Chacune des parties a la possibilité de rompre le présent contrat dans les conditions prévues par la loi, sous réserve de respecter le préavis de :

Si une clause de période d'essai est insérée au contrat, débuter le paragraphe par « à l'issue de la période d'essai ».

– .... pour le licenciement;

– .... pour la démission.

sauf situation pour laquelle l'obligation d'effectuer un préavis est écartée, c'est-à-dire pour faute grave ou faute lourde.

Fait en double exemplaire

À................., le ....

Signature à faire précéder de la mention manuscrite « lu et approuvé »

L'employeur, Le salarié.

Il faut consulter la convention collective applicable. À défaut, il est nécessaire de respecter la loi pour le licenciement qui ne prévoit aucun préavis quand l'ancienneté du salarié est inférieure à 6 mois, un mois de préavis de 6 mois à 2 ans d'ancienneté et 2 mois de préavis au-delà. Pour la démission, la loi ne prévoit rien. Il convient donc de se référer à la convention collective applicable.

Contrat à durée indéterminée à temps partiel

MISE EN GARDE

Ce modèle n'a qu'une valeur indicative. Il ne prend pas en compte les spécificités de la convention collective applicable à votre entreprise et ne saurait vous dispenser de consulter ce document de référence.

Entre les soussignés :

...., représentant de la société ...., immatriculée au RCS sous le numéro .... située à ...., en qualité de ....

ou

...., entrepreneur individuel immatriculé(e) au RCS sous le numéro .... dont le fonds de commerce est situé à ....

ci-après dénommé l'employeur,

Et

......................., de nationalité .... immatriculé(e) à la Sécurité sociale sous le numéro .... demeurant ....

Préciser « française » ou, le cas échéant, mentionner, pour un étranger, sa nationalité et le numéro de son titre de travail.

Si le salarié n'a jamais travaillé auparavant ou s'il était inscrit à la Sécurité sociale en tant qu'étudiant, l'inscription doit être demandée par l'employeur par le biais de la Déclaration Unique d'Embauche (DUE).

ci-après dénommé le salarié,

Il a été arrêté et convenu ce qui suit :

Article 1 : Engagement

Le salarié est embauché à temps partiel, à compter du .... et sous réserve des résultats de la visite médicale d'embauche à passer à compter de .... ou dans un délai de ....

Il se déclare être, à compter de cette date, libre de tout engagement de nature à faire obstacle à l'exécution du présent contrat.

La date à faire figurer est la date de prise d'effet du contrat qui peut être différente de celle de la rédaction du contrat. Si une convention collective est applicable, il faut ajouter : « le titulaire du présent contrat est soumis aux conditions de la convention collective de ... (indiquer le titre et la date de la convention collective) ».

Article 2 : Fonctions et attributions

Le salarié est engagé en qualité de ...., ... et exercera les fonctions de ....

S'il y a une convention collective applicable ajouter « au coefficient de ... ».

Préciser ici le poste exact du salarié.

Pour l'exercice de son activité, le salarié sera placé sous l'autorité de ...., ou de toute autre personne qui pourrait être substituée à ce dernier.

Article 3 : Période d'essai

Il est convenu entre les parties au contrat de travail une période d'essai de .... au cours de laquelle chacune des parties pourra rompre sans préavis, ni indemnités et sans avoir à motiver sa décision.

Précisez le nombre de jours, semaines ou mois retenu. La durée de l'essai est librement déterminée par les parties dans la limite du raisonnable, sauf clause conventionnelle contraire ou usage en vigueur dans la profession.

En cas de suspension du contrat de travail, cette période d'essai sera prolongée d'une durée égale à ladite suspension.

Article 4 : Lieu de travail

Le salarié exercera ses fonctions dans les locaux situés à ....

Article 5 : Durée du travail

L'horaire de travail hebdomadaire du salarié sera de .... heures, réparties comme suit : ....
....

> La répartition peut être hebdomadaire : par exemple « tous les jours de ... heures à ... heures » ou « lundi : de ... heures à ... heures/mardi de ... heures à ... heures ». Elle peut aussi être mensuelle avec répartition hebdomadaire inégale (deux semaines à temps plein, le reste en inactivité par exemple).

En cas de modification des horaires de travail convenus au présent contrat, le salarié devra en être informé au moins sept jours avant.

> Penser à vérifier la convention collective qui peut réduire ce délai.

En fonction des besoins de l'entreprise, le salarié pourra être conduit à effectuer des heures complémentaires dans la limite de .... heures par semaine, dans le respect de la législation applicable.

> Sauf convention collective contraire, le nombre d'heures effectuées dans une semaine ou dans un mois par le salarié ne peut être supérieur au dixième de la durée hebdomadaire ou mensuelle de travail prévue au contrat.

Article 6 : Rémunération

En contrepartie de son activité, le salarié percevra une rémunération mensuelle brute totale de .... euros.

> En cas de primes, avantages en nature, ajouter : « À cette rémunération s'ajoutent les primes suivantes : (préciser modalités de calcul, conditions d'octroi) ».

Article 7 : Égalité de traitement

Le salarié bénéficiera de tous les droits et avantages reconnus aux salariés à temps complet travaillant dans l'entreprise, qu'ils résultent du Code du travail ou des usages, au *prorata* de son temps de travail.

> Le cas échéant, ajouter « la convention collective » ou « l'accord d'entreprise ».

L'employeur garantit au salarié un traitement équivalent aux autres salariés de même qualification professionnelle et de même ancienneté en ce qui concerne les possibilités de promotion, de déroulement de carrière et d'accès à la formation professionnelle.

Le salarié bénéficie d'une priorité d'affectation aux emplois à temps complet ressortissant de sa qualification professionnelle qui seraient créés ou qui deviendraient vacants.

Au cas où le salarié ferait acte de candidature à un tel emploi, sa demande sera examinée et une réponse motivée par lettre recommandée avec accusé de réception lui sera faite dans un délai de huit jours à compter de la réception de la demande (sauf dispositions conventionnelles différentes).

Article 8 : Frais professionnels

Les frais professionnels du salarié engagés dans l'exercice de ses fonctions lui seront remboursés sur présentation des justificatifs. Les notes de frais devront être contresignées par l'employeur.

> Si l'on souhaite évaluer les frais forfaitairement, opter pour la formulation suivante : « En remboursement des frais que le salarié engage dans le cadre de ses fonctions, il percevra une allocation forfaitaire mensuelle de ...... euros destinée à couvrir le coût de ses déplacements professionnels ».

Article 9 : Congés payés

Le salarié bénéficiera de .... jours de congés payés par an. Les dates de congés seront arrêtées par l'employeur.

Il faut consulter la convention collective applicable; la loi impose un minimum de 2,5 jours ouvrables par mois à défaut de dispositions conventionnelles plus favorables.

Article 10 : Droits collectifs

Le présent contrat est soumis à la convention collective .... applicable à l'entreprise.

S'il existe une convention collective applicable dans l'entreprise.

Article 11 : Préavis

Chacune des parties a la possibilité de rompre le présent contrat dans les conditions prévues par la loi, sous réserve de respecter un préavis de :

Si une clause de période d'essai est insérée au contrat, débuter le paragraphe par « à l'issue de la période d'essai ».

– .... pour le licenciement;

– .... pour la démission.

sauf situation pour laquelle l'obligation d'effectuer un préavis est écartée, c'est-à-dire pour faute grave ou faute lourde.

Il faut consulter la convention collective applicable. À défaut, il est nécessaire de respecter la loi pour le licenciement qui ne prévoit aucun préavis quand l'ancienneté du salarié est inférieure à 6 mois, un mois de préavis de 6 mois à 2 ans d'ancienneté et 2 mois de préavis au-delà. Pour la démission, la loi ne prévoit rien. Il convient donc de se référer à la convention collective applicable.

Fait en double exemplaire

À.................., le ....

Signature à faire précéder de la mention manuscrite « lu et approuvé »

L'employeur, Le salarié.

@ Contrat « nouvelles embauches »

CE MODÈLE PEUT ÊTRE TÉLÉCHARGÉ GRATUITEMENT SUR WWW.EDITIONS-DELMAS.COM

MISE EN GARDE

Le contrat doit être obligatoirement écrit et il peut être associé au dispositif d'un contrat aidé tel que le contrat initiative emploi (CIE) ou encore le contrat jeune en entreprise (CJE). Dans ce cas le contrat est également soumis aux règles propres à ces dispositifs.

Entre les soussignés :

...., représentant de la société ...., immatriculée au RCS sous le numéro .... située à ...., en qualité de ....

ou

...., entrepreneur individuel immatriculé(e) au RCS sous le numéro .... dont le fonds de commerce est situé à ....

ci-après dénommé l'employeur,

Et

......................., de nationalité .... immatriculé(e) à la Sécurité sociale sous le numéro .... demeurant ....

Préciser « française » ou, le cas échéant, mentionner, pour un étranger, sa nationalité et le numéro de son titre de travail.

Si le salarié n'a jamais travaillé auparavant ou s'il était inscrit à la Sécurité sociale en tant qu'étudiant, l'inscription doit être demandée par l'employeur par le biais de la Déclaration Unique d'Embauche (DUE).

ci-après dénommé le salarié,

Il a été arrêté et convenu ce qui suit :

Article 1 : Engagement

Le présent contrat de travail est un contrat « nouvelles embauches » conclu en application de l'ordonnance n° 2005-893 du 2 août 2005.

Le salarié est embauché à temps partiel, à compter du .... et sous réserve des résultats de la visite médicale d'embauche à passer à compter de .... ou dans un délai de ....

La date à faire figurer est la date de prise d'effet du contrat qui peut être différente de celle de la rédaction du contrat. Si une convention collective est applicable, il faut ajouter : « le titulaire du présent contrat est soumis aux conditions de la convention collective de ... (indiquer le titre et la date de la convention collective) ».

Il se déclare être, à compter de cette date, libre de tout engagement de nature à faire obstacle à l'exécution du présent contrat.

Le salarié est engagé en qualité de ....

S'il y a une convention collective applicable ajouter « au coefficient de ... ».

Article 2 : Lieu de travail

Le salarié exercera ses fonctions dans les locaux situés à ....

Article 3 : Durée du travail

Pour un contrat conclu à temps complet :

L'horaire de travail est déterminé en fonction de la catégorie professionnelle à laquelle appartient le titulaire. Il pourra être modifié pour assurer le bon fonctionnement de l'entreprise. Des heures supplémentaires pourront être effectuées dans le respect de la législation ou de la convention collective applicable.

Le salarié effectuera .... heures par semaine, à raison de .... heures sur .... jours.

Pour un contrat conclu à temps partiel :

L'horaire de travail hebdomadaire du salarié sera de .... heures, réparties comme suit : ....

La répartition peut être hebdomadaire : par exemple « tous les jours de ... heures à ... heures » ou « lundi : de ... heures à ... heures/mardi de ... heures à ... heures ». Elle peut aussi être mensuelle avec répartition hebdomadaire inégale (deux semaines à temps plein, le reste en inactivité par exemple).

En cas de modification des horaires de travail convenus au présent contrat, le salarié devra en être informé au moins sept jours avant.

Penser à vérifier la convention collective qui peut réduire ce délai.

En fonction des besoins de l'entreprise, le salarié pourra être conduit à effectuer des heures complémentaires dans la limite de .... heures par semaine, dans le respect de la législation applicable.

Sauf convention collective contraire, le nombre d'heures effectuées dans une semaine ou dans un mois par le salarié ne peut être supérieur au dixième de la durée hebdomadaire ou mensuelle de travail prévue au contrat.

Article 4 : Égalité de traitement

A ne maintenir qu'en cas de contrat conclu à temps partiel.

Le salarié bénéficiera de tous les droits et avantages reconnus aux salariés à temps complet travaillant dans l'entreprise, qu'ils résultent du Code du travail, de dispositions conventionnelles ou des usages en vigueur dans l'entreprise.

Le salarié bénéficie d'une priorité d'affectation aux emplois à temps complet ressortissant de sa qualification professionnelle qui seraient créés ou qui deviendraient vacants.

Au cas où le salarié ferait acte de candidature à un tel emploi, sa demande sera examinée et une réponse motivée par lettre recommandée avec avis de réception postale lui sera faite dans un délai de huit jours à compter de la réception de la demande (sauf dispositions conventionnelles différentes).

Article 5 : Rémunération

En contrepartie de son activité, le salarié percevra une rémunération mensuelle brute totale de .... euros.

En cas de primes, avantages en nature, ajouter : « À cette rémunération s'ajoutent les primes suivantes : (préciser modalités de calcul, conditions d'octroi) ».

Article 6 : Frais professionnels

Les frais professionnels du salarié engagés dans l'exercice de ses fonctions lui seront remboursés sur présentation des justificatifs. Les notes de frais devront être contresignées par l'employeur.

Si l'on souhaite évaluer les frais forfaitairement, opter pour la formulation suivante : « En remboursement des frais que le salarié engage dans le cadre de ses fonctions, il percevra une allocation forfaitaire mensuelle de ...... euros destinée à couvrir le coût de ses déplacements professionnels ».

Article 7 : Congés payés

Le salarié bénéficiera de .... jours de congés payés par an. Les dates de congés seront arrêtées par l'employeur.

Il faut consulter la convention collective applicable; la loi impose un minimum de 2,5 jours ouvrables par mois à défaut de dispositions conventionnelles plus favorables.

Article 8 : Droits collectifs

Le présent contrat est soumis à la convention collective .... applicable à l'entreprise.

S'il existe une convention collective applicable dans l'entreprise. Attention, les dispositions conventionnelles relatives à la période d'essai ne s'appliquent pas au contrat « nouvelles embauches ».

Article 9 : Rupture du contrat

Durant les deux premières années suivant sa conclusion, le présent contrat pourra être rompu sans motif par l'une ou l'autre des parties par lettre recommandée avec avis de réception postale.

Deux mois de préavis, sauf dispositions conventionnelles plus favorables. Pour la démission, la loi ne prévoit rien. Il convient donc de se référer à la convention collective applicable.

La régularité ou la validité de la rupture peut faire l'objet d'une contestation qui se prescrit par 12 mois à compter de la notification de la lettre recommandée. Ce délai n'est toutefois opposable au salarié que s'il en a été fait mention dans la lettre de rupture.

La rupture du présent contrat à l'initiative de l'employeur et sauf faute grave ou force majeure fait courir, à la date de présentation de la lettre, un préavis :

- de deux semaines à l'issue d'au moins un mois de présence dans l'entreprise;
- d'un mois à l'issue d'au moins six mois de présence dans l'entreprise.

En cas de rupture du présent contrat à l'initiative de l'employeur et sauf faute grave du salarié, ce dernier percevra une indemnité de 8 % du montant total de la rémunération brute perçue depuis la conclusion du contrat.

Après les deux premières années suivant sa conclusion, le présent contrat pourra être rompu par l'une ou l'autre des parties en respectant un préavis de :

- .... pour le licenciement;

Il faut consulter la convention collective applicable. À défaut, il est nécessaire de respecter la loi pour le licenciement qui ne prévoit aucun préavis quand l'ancienneté du salarié est inférieure à 6 mois, un mois de préavis de 6 mois à 2 ans d'ancienneté et 2 mois de préavis au-delà. Pour la démission, la loi ne prévoit rien. Il convient donc de se référer à la convention collective applicable.

– ……………… pour la démission.

sauf situation pour laquelle l'obligation d'effectuer un préavis est écartée, c'est-à-dire pour faute grave ou faute lourde.

Fait en double exemplaire

À………………, le ………

Signature à faire précéder de la mention manuscrite « lu et approuvé »

L'employeur, Le salarié.

@ Contrat de travail intermittent à durée indéterminée

CE MODÈLE PEUT ÊTRE TÉLÉCHARGÉ GRATUITEMENT SUR WWW.EDITIONS-DELMAS.COM

MISE EN GARDE

Le présent contrat n'a qu'une valeur indicative qui ne prend pas en compte les spécificités de la convention collective applicable à votre entreprise. Pour toute information complémentaire sur la réglementation applicable au contrat de travail intermittent à durée indéterminée, nous vous invitons à consulter nos fiches pratiques à l'adresse suivante : www.inforeg.ccip.fr

Entre les soussignés :

...., représentant de la société ...., immatriculée au RCS sous le numéro .... située à ...., en qualité de ....

ou

...., entrepreneur individuel immatriculé(e) au RCS sous le numéro .... dont le fonds de commerce est situé à ....

ci-après dénommé l'employeur,

Et

........................, de nationalité .... immatriculé(e) à la Sécurité sociale sous le numéro .... demeurant ....

Préciser « française » ou, le cas échéant, mentionner, pour un étranger, sa nationalité et le numéro de son titre de travail.

Si le salarié n'a jamais travaillé auparavant ou s'il était inscrit à la Sécurité sociale en tant qu'étudiant, l'inscription doit être demandée par l'employeur par le biais de la Déclaration Unique d'Embauche (DUE).

ci-après dénommé le salarié,

Il a été arrêté et convenu ce qui suit :

Article 1 : Engagement

Le salarié est engagé en qualité de ...., ...

Préciser ici le poste exact du salarié.

Ce contrat prend effet à compter du .... à .... heures.

Le salarié est embauché à compter du .... et sous réserve des résultats de la visite médicale d'embauche à passer à compter de .... ou dans un délai de ....

La date à faire figurer est la date de prise d'effet du contrat qui peut être différente de celle de la rédaction du contrat.

Le salarié est engagé dans le cadre d'une contrat de travail intermittent pour une période minimale de ....

Préciser en jours, semaines ou mois.

Si les périodes de travail sont déterminées, l'activité et les heures de travail seront décomposées de la manière suivante : ....

Si les périodes de travail et les horaires sont indéterminés, les parties se réfèrent à la convention collective prévoyant les aménagements suivants : ....

En fonction des besoins de l'entreprise, le salarié pourra effectuer des heures complémentaires dont la durée ne peut excéder le tiers de la durée du travail, soit ....

Article 2 : Fonctions et attributions

Le salarié est engagé en qualité de ...., ... et exercera les fonctions de ....

Préciser ici le poste exact du salarié.

S'il y a une convention collective applicable ajouter « au coefficient de ... ».

Pour l'exercice de son activité, le salarié sera placé sous l'autorité de ...., ou de toute autre personne qui pourrait être substituée à ce dernier.

Article 3 : Période d'essai

Il est convenu entre les parties au contrat de travail une période d'essai de .... au cours de laquelle chacune des parties pourra rompre sans préavis, ni indemnités et sans avoir à motiver sa décision.

Précisez le nombre de jours, semaines ou mois retenu. La durée de l'essai est librement déterminée par les parties dans la limite du raisonnable, sauf clause conventionnelle contraire ou usage en vigueur dans la profession. Toute possibilité de renouvellement de la période d'essai doit être précisée expressément dans cet article.

En cas de suspension du contrat de travail, cette période d'essai sera prolongée d'une durée égale à ladite suspension.

Article 4 : Lieu de travail

Le salarié exercera ses fonctions dans les locaux situés à ....

Article 5 : Rémunération

Si la rémunération est lissée, en contrepartie de son activité, le salarié percevra une rémunération mensuelle brute totale de .... euros pour une durée de ....

Préciser si temps partiel.

En cas de primes, avantages en nature, ajouter : « À cette rémunération s'ajoutent les primes suivantes : (préciser modalités de calcul, conditions d'octroi) ».

Article 6 : Frais professionnels

Les frais professionnels du salarié engagés dans l'exercice de ses fonctions lui seront remboursés sur présentation des justificatifs. Les notes de frais devront être contresignées par l'employeur.

Si l'on souhaite évaluer les frais forfaitairement, opter pour la formulation suivante : « En remboursement des frais que le salarié engage dans le cadre de ses fonctions, il percevra une allocation forfaitaire mensuelle de ...... euros destinée à couvrir le coût de ses déplacements professionnels ».

Article 7 : Congés payés

Le salarié bénéficiera de .... jours de congés payés par an. Les dates de congés seront arrêtées par l'employeur.

Il faut consulter la convention collective applicable; la loi impose un minimum de 2,5 jours ouvrables par mois à défaut de dispositions conventionnelles plus favorables.

Article 8 : Droits collectifs

Le présent contrat est soumis à la convention collective .... applicable à l'entreprise.

S'il existe une convention collective applicable dans l'entreprise.

Fait en double exemplaire

À................., le ....

Signature à faire précéder de la mention manuscrite « lu et approuvé »

L'employeur, Le salarié.

@ Contrat de travail à durée déterminée pour le remplacement d'un salarié temporairement absent

CE MODÈLE PEUT ÊTRE TÉLÉCHARGÉ GRATUITEMENT SUR WWW.EDITIONS-DELMAS.COM

MISE EN GARDE

Le présent contrat n'a qu'une valeur indicative qui ne prend pas en compte les spécificités de la convention collective applicable à votre entreprise.

Entre les soussignés :

...., représentant de la société ...., immatriculée au RCS sous le numéro .... située à ...., en qualité de ....

ou

...., entrepreneur individuel immatriculé(e) au RCS sous le numéro .... dont le fonds de commerce est situé à ....

ci-après dénommé l'employeur,

Et

......................., de nationalité .... immatriculé(e) à la Sécurité sociale sous le numéro .... demeurant ....

> Préciser « française » ou, le cas échéant, mentionner, pour un étranger, sa nationalité et le numéro de son titre de travail.

> Si le salarié n'a jamais travaillé auparavant ou s'il était inscrit à la Sécurité sociale en tant qu'étudiant, l'inscription doit être demandée par l'employeur par le biais de la Déclaration Unique d'Embauche (DUE).

ci-après dénommé le salarié,

Il a été arrêté et convenu ce qui suit :

Article 1 : Engagement

Le salarié est engagé en vue d'assurer le remplacement de M. ...., absent en raison de .... et habituellement employé dans la société en qualité de ....

Préciser les fonctions et grade du salarié remplacé.

Variante 1 : contrat avec un terme précis

Ce contrat prend effet à compter du ...., à .... heures. Il est conclu pour la durée suivante .... sous réserve des résultats de la visite médicale d'embauche à passer le .... ou dans un délai de ....

La date à faire figurer est la date de prise d'effet du contrat qui peut être différente de celle de la rédaction du contrat.

En jours, semaines ou mois. La durée maximale pour ce type de contrat est de 18 mois renouvellement compris (24 mois si le contrat est exécuté à l'étranger).

Variante 2 : contrat avec un terme imprécis

Ce contrat prend effet à compter du ...., à .... heures. Il est conclu pour la durée minimale suivante .... sous réserve des résultats de la visite médicale d'embauche à passer le .... ou dans un délai de ....

La date à faire figurer est la date de prise d'effet du contrat qui peut être différente de celle de la rédaction du contrat.

Le contrat a pour terme la fin de l'absence ou la réalisation de l'objet pour lequel il est conclu. Il n'est soumis à aucune durée maximale.

Si l'absence du salarié devait se prolonger au-delà de la période minimale, la fin du contrat aurait pour objet le retour du salarié remplacé.

Les coordonnées de la caisse de retraite complémentaire et de l'organisme de prévoyance sont les suivantes : ....

Article 2 : Fonctions et attributions

Le salarié est engagé en qualité de ...., ... et exercera les fonctions de ....

Préciser ici le poste exact du salarié.

S'il y a une convention collective applicable ajouter « au coefficient de ... ».

Pour l'exercice de son activité, le salarié sera placé sous l'autorité de ...., ou de toute autre personne qui pourrait être substituée à ce dernier.

Article 3 : Période d'essai

Il est convenu entre les parties au contrat de travail une période d'essai de .... au cours de laquelle chacune des parties pourra rompre sans préavis, ni indemnités et sans avoir à motiver sa décision.

Précisez le nombre de jours, semaines ou mois retenu. Attention : à défaut de disposition conventionnelle plus favorable ou de l'usage en vigueur dans la profession, l'essai ne peut excéder la durée suivante : un jour par semaine de contrat dans la limite de deux semaines pour tout CDD de six mois ou moins; un mois pour tout CDD de plus de six mois.

En cas de suspension du contrat de travail, cette période d'essai sera prolongée d'une durée égale à ladite suspension.

Article 4 : Lieu de travail

Le salarié exercera ses fonctions dans les locaux situés à ....

Article 5 : Rémunération

En contrepartie de son activité, le salarié percevra une rémunération mensuelle brute totale de .... euros pour une durée hebdomadaire de .... heures.

En cas de primes, avantages en nature, ajouter : « À cette rémunération s'ajoutent les primes suivantes : (préciser modalités de calcul, conditions d'octroi) ».

Si le contrat est un contrat à temps partiel, insérer les clauses obligatoires pour les contrats à temps partiel :
La répartition peut être hebdomadaire : par exemple « tous les jours de ... heures à ... heures » ou « lundi : de ... heures à ... heures/mardi de ... heures à ... heures ». Elle peut aussi être mensuelle avec répartition hebdomadaire inégale (2 semaines à temps plein, le reste en inactivité par exemple).
Des heures complémentaires peuvent être effectuées en respectant les dispositions légales en vigueur, sauf clause conventionnelle plus favorable.

Article 6 : Frais professionnels

Les frais professionnels du salarié engagés dans l'exercice de ses fonctions lui seront remboursés sur présentation des justificatifs. Les notes de frais devront être contresignées par l'employeur.

Si l'on souhaite évaluer les frais forfaitairement, opter pour la formulation suivante : « En remboursement des frais que le salarié engage dans le cadre de ses fonctions, il percevra une allocation forfaitaire mensuelle de ...... euros destinée à couvrir le coût de ses déplacements professionnels ».

Article 7 : Congés payés

Le salarié bénéficiera de .... jours de congés payés par an. Les dates de congés seront arrêtées par l'employeur.

Il faut consulter la convention collective applicable; la loi impose un minimum de 2,5 jours ouvrables par mois à défaut de dispositions conventionnelles plus favorables.

S'il n'a pu prendre ses congés payés, le salarié bénéficiera d'une indemnité compensatrice de congés payés à la fin de son contrat.

Article 8 : Droits collectifs

Le présent contrat est soumis à la convention collective .... applicable à l'entreprise.

S'il existe une convention collective applicable dans l'entreprise.

Article 9 : Fin du contrat

Au terme de son contrat, le salarié percevra une indemnité de fin de contrat aux conditions légales en vigueur qui lui sera versée en même temps que son salaire.

Fait en double exemplaire

À.................., le ....

Signature à faire précéder de la mention manuscrite « lu et approuvé »

L'employeur, Le salarié.

@ Contrat de travail à durée déterminée pour travaux urgents

MISE EN GARDE

Le présent contrat n'a qu'une valeur indicative qui ne prend pas en compte les spécificités de la convention collective applicable à votre entreprise.

Entre les soussignés :

...., représentant de la société ...., immatriculée au RCS sous le numéro .... située à ...., en qualité de ....

ou

...., entrepreneur individuel immatriculé(e) au RCS sous le numéro .... dont le fonds de commerce est situé à ....

ci-après dénommé l'employeur,

Et

......................, de nationalité .... immatriculé(e) à la Sécurité sociale sous le numéro .... demeurant ....
....

> Préciser « française » ou, le cas échéant, mentionner, pour un étranger, sa nationalité et le numéro de son titre de travail.

> Si le salarié n'a jamais travaillé auparavant ou s'il était inscrit à la Sécurité sociale en tant qu'étudiant, l'inscription doit être demandée par l'employeur par le biais de la Déclaration Unique d'Embauche (DUE).

ci-après dénommé le salarié,

Il a été arrêté et convenu ce qui suit :

Article 1 : Engagement

Le salarié est engagé en vue d'assurer les travaux urgents de .... nécessités par les mesures de sécurité suivantes : ....

Préciser lesdits motifs, tels que des réparations de bâtiments ou de matériels mettant en cause la sécurité des personnes.

Ce contrat prend effet à compter du ...., à .... heures. Il est conclu pour la durée suivante .... sous réserve des résultats de la visite médicale d'embauche à passer le .... ou dans un délai de ....

La date à faire figurer est la date de prise d'effet du contrat, qui peut être différente de celle de rédaction du contrat.

La durée maximale pour ce type de contrat est de 9 mois renouvellement compris.

Les coordonnées de la caisse de retraite complémentaire et de l'organisme de prévoyance sont les suivantes : ....

Article 2 : Fonctions et attributions

Le salarié est engagé en qualité de ...., ... et exercera les fonctions de ....

Préciser ici le poste exact du salarié.

S'il y a une convention collective applicable ajouter « au coefficient de ... ».

Pour l'exercice de son activité, le salarié sera placé sous l'autorité de ...., ou de toute autre personne qui pourrait être substituée à ce dernier.

Article 3 : Période d'essai

Il est convenu entre les parties au contrat de travail une période d'essai de .... au cours de laquelle chacune des parties pourra rompre sans préavis, ni indemnités et sans avoir à motiver sa décision.

Précisez le nombre de jours, semaines ou mois retenu. Attention : à défaut de disposition conventionnelle plus favorable ou de l'usage en vigueur dans la profession, l'essai ne peut excéder la durée suivante : un jour par semaine de contrat dans la limite de deux semaines pour tout CDD de six mois ou moins; un mois pour tout CDD de plus de six mois.

En cas de suspension du contrat de travail, cette période d'essai sera prolongée d'une durée égale à ladite suspension.

Article 4 : Lieu de travail

Le salarié exercera ses fonctions dans les locaux situés à ....

Article 6 : Rémunération

En contrepartie de son activité, le salarié percevra une rémunération mensuelle brute totale de .... euros pour une durée hebdomadaire de .... heures.

Si le contrat est un contrat à temps partiel, insérer les clauses obligatoires pour les contrats à temps partiel :
La répartition peut être hebdomadaire : par exemple « tous les jours de ... heures à ... heures » ou « lundi : de ... heures à ... heures/mardi de ... heures à ... heures ». Elle peut aussi être mensuelle avec répartition hebdomadaire inégale (2 semaines à temps plein, le reste en inactivité par exemple).
Des heures complémentaires peuvent être effectuées en respectant les dispositions légales en vigueur, sauf clause conventionnelle plus favorable.

En cas de primes, avantages en nature, ajouter : « À cette rémunération s'ajoutent les primes suivantes : (préciser modalités de calcul, conditions d'octroi) ».

Article 7 : Frais professionnels

Les frais professionnels du salarié engagés dans l'exercice de ses fonctions lui seront remboursés sur présentation des justificatifs. Les notes de frais devront être contresignées par l'employeur.

Si l'on souhaite évaluer les frais forfaitairement, opter pour la formulation suivante : « En remboursement des frais que le salarié engage dans le cadre de ses fonctions, il percevra une allocation forfaitaire mensuelle de ...... euros destinée à couvrir le coût de ses déplacements professionnels ».

Article 8 : Congés payés

Le salarié bénéficiera de .... jours de congés payés par an. Les dates de congés seront arrêtées par l'employeur.

Il faut consulter la convention collective applicable; la loi impose un minimum de 2,5 jours ouvrables par mois à défaut de dispositions conventionnelles plus favorables.

S'il n'a pu prendre ses congés payés, le salarié bénéficiera d'une indemnité compensatrice de congés payés à la fin de son contrat.

Article 9 : Droits collectifs

Le présent contrat est soumis à la convention collective .... applicable à l'entreprise.

S'il existe une convention collective applicable dans l'entreprise.

Article 10 : Fin du contrat

Au terme de son contrat, le salarié percevra une indemnité de fin de contrat aux conditions légales en vigueur qui lui sera versée en même temps que son salaire.

Fait en double exemplaire, à.................., le ....

Signature à faire précéder de la mention manuscrite « lu et approuvé »

L'employeur, Le salarié.

@ Contrat de travail à durée déterminée saisonnier

CE MODÈLE PEUT ÊTRE TÉLÉCHARGÉ GRATUITEMENT SUR WWW.EDITIONS-DELMAS.COM

MISE EN GARDE

Le présent contrat n'a qu'une valeur indicative qui ne prend pas en compte les spécificités de la convention collective applicable à votre entreprise.

Entre les soussignés :

...., représentant de la société ...., immatriculée au RCS sous le numéro .... située à ...., en qualité de ....

ou

...., entrepreneur individuel immatriculé(e) au RCS sous le numéro .... dont le fonds de commerce est situé à ....

ci-après dénommé l'employeur,

Et

......................, de nationalité .... immatriculé(e) à la Sécurité sociale sous le numéro .... demeurant ....

> Préciser « française » ou, le cas échéant, mentionner, pour un étranger, sa nationalité et le numéro de son titre de travail.

> Si le salarié n'a jamais travaillé auparavant ou s'il était inscrit à la Sécurité sociale en tant qu'étudiant, l'inscription doit être demandée par l'employeur par le biais de la Déclaration Unique d'Embauche (DUE).

ci-après dénommé le salarié,

Il a été arrêté et convenu ce qui suit :

Article 1 : Engagement

Le salarié est engagé en vue d'assurer l'emploi à caractère saisonnier suivant ....

Préciser l'événement saisonnier justifiant le recours au CDD.

Variante 1 : avec terme précis

Ce contrat prend effet à compter du ...., à .... heures. Il est conclu pour la durée suivante .... sous réserve des résultats de la visite médicale d'embauche à passer le .... ou dans un délai de ....

La date à faire figurer est la date de prise d'effet du contrat qui peut être différente de celle de la rédaction du contrat.

Variante 2 : sans terme précis

Ce contrat prend effet à compter du ...., à .... heures. Il est conclu pour la durée minimale suivante .... sous réserve des résultats de la visite médicale d'embauche à passer le .... ou dans un délai de ....

La date à faire figurer est la date de prise d'effet du contrat qui peut être différente de celle de la rédaction du contrat.

Le contrat a pour terme la fin de l'absence ou la réalisation de l'objet pour lequel il est conclu. Il n'est soumis à aucune durée maximale.

Si le contrat devait se prolonger au-delà de la période minimale, il aura alors pour terme la réalisation de la prestation demandée ou la fin de la saison.

Les coordonnées de la caisse de retraite complémentaire et de l'organisme de prévoyance sont les suivantes : ....

Article 2 : Fonctions et attributions

Le salarié est engagé en qualité de ...., ... et exercera les fonctions de ....

Préciser ici le poste exact du salarié.

S'il y a une convention collective applicable ajouter « au coefficient de ... ».

Pour l'exercice de son activité, le salarié sera placé sous l'autorité de ...., ou de toute autre personne qui pourrait être substituée à ce dernier.

Article 3 : Période d'essai

Il est convenu entre les parties au contrat de travail une période d'essai de .... au cours de laquelle chacune des parties pourra rompre sans préavis, ni indemnités et sans avoir à motiver sa décision.

Précisez le nombre de jours, semaines ou mois retenu. Attention : à défaut de disposition conventionnelle plus favorable ou de l'usage en vigueur dans la profession, l'essai ne peut excéder la durée suivante : un jour par semaine de contrat dans la limite de deux semaines pour tout CDD de six mois ou moins; un mois pour tout CDD de plus de six mois.

En cas de suspension du contrat de travail, cette période d'essai sera prolongée d'une durée égale à ladite suspension.

Article 4 : Lieu de travail

Le salarié exercera ses fonctions dans les locaux situés à ....

Article 5 : Rémunération

En contrepartie de son activité, le salarié percevra une rémunération mensuelle brute totale de .... euros pour une durée hebdomadaire de .... heures.

Si le contrat est un contrat à temps partiel, insérer les clauses obligatoires pour les contrats à temps partiel :
La répartition peut être hebdomadaire : par exemple « tous les jours de ... heures à ... heures » ou « lundi : de ... heures à ... heures/mardi de ... heures à ... heures ». Elle peut aussi être mensuelle avec répartition hebdomadaire inégale (2 semaines à temps plein, le reste en inactivité par exemple).
Des heures complémentaires peuvent être effectuées en respectant les dispositions légales en vigueur, sauf clause conventionnelle plus favorable.

En cas de primes, avantages en nature, ajouter : « À cette rémunération s'ajoutent les primes suivantes : (préciser modalités de calcul, conditions d'octroi) ».

Article 6 : Frais professionnels

Les frais professionnels du salarié engagés dans l'exercice de ses fonctions lui seront remboursés sur présentation des justificatifs. Les notes de frais devront être contresignées par l'employeur.

Si l'on souhaite évaluer les frais forfaitairement, opter pour la formulation suivante : « En remboursement des frais que le salarié engage dans le cadre de ses fonctions, il percevra une allocation forfaitaire mensuelle de ...... euros destinée à couvrir le coût de ses déplacements professionnels ».

Article 7 : Congés payés

Le salarié bénéficiera de .... jours de congés payés par an. Les dates de congés seront arrêtées par l'employeur.

Il faut consulter la convention collective applicable; la loi impose un minimum de 2,5 jours ouvrables par mois à défaut de dispositions conventionnelles plus favorables.

S'il n'a pu prendre ses congés payés, le salarié bénéficiera d'une indemnité compensatrice de congés payés à la fin de son contrat.

Article 8 : Droits collectifs

Le présent contrat est soumis à la convention collective .... applicable à l'entreprise.

S'il existe une convention collective applicable dans l'entreprise.

Article 9 : Fin du contrat

Au terme de son contrat, le salarié percevra une indemnité de fin de contrat aux conditions légales en vigueur qui lui sera versée en même temps que son salaire.

Fait en double exemplaire, à.................., le ....

Signature à faire précéder de la mention manuscrite « lu et approuvé »

L'employeur, Le salarié.

@ Contrat de travail à durée déterminée d'usage

CE MODÈLE PEUT ÊTRE TÉLÉCHARGÉ GRATUITEMENT SUR WWW.EDITIONS-DELMAS.COM

MISE EN GARDE

Le présent contrat n'a qu'une valeur indicative qui ne prend pas en compte les spécificités de la convention collective applicable à votre entreprise.

Entre les soussignés :

...., représentant de la société ...., immatriculée au RCS sous le numéro .... située à ...., en qualité de ....

ou

...., entrepreneur individuel immatriculé(e) au RCS sous le numéro .... dont le fonds de commerce est situé à ....

ci-après dénommé l'employeur,

Et

......................, de nationalité .... immatriculé(e) à la Sécurité sociale sous le numéro .... demeurant ....

> Préciser « française » ou, le cas échéant, mentionner, pour un étranger, sa nationalité et le numéro de son titre de travail.

> Si le salarié n'a jamais travaillé auparavant ou s'il était inscrit à la Sécurité sociale en tant qu'étudiant, l'inscription doit être demandée par l'employeur par le biais de la Déclaration Unique d'Embauche (DUE).

ci-après dénommé le salarié,

Il a été arrêté et convenu ce qui suit :

Article 1 : Engagement

Le salarié est engagé en vue d'assurer les fonctions temporaires suivantes .... pour lesquelles il est d'usage constant de ne pas recourir à un contrat à durée indéterminée.

Ce contrat prend effet à compter du ...., à .... heures. Il est conclu pour la durée suivante .... sous réserve des résultats de la visite médicale d'embauche à passer le .... ou dans un délai de ....

La date à faire figurer est la date de prise d'effet du contrat qui peut être différente de celle de la rédaction du contrat.

Les coordonnées de la caisse de retraite complémentaire et de l'organisme de prévoyance sont les suivantes : ....

Article 2 : Fonctions et attributions

Le salarié est engagé en qualité de ...., ... et exercera les fonctions de ....

S'il y a une convention collective applicable ajouter « au coefficient de ... ».

Préciser ici le poste exact du salarié.

Pour l'exercice de son activité, le salarié sera placé sous l'autorité de ...., ou de toute autre personne qui pourrait être substituée à ce dernier.

Article 3 : Période d'essai

Il est convenu entre les parties au contrat de travail une période d'essai de .... au cours de laquelle chacune des parties pourra rompre sans préavis, ni indemnités et sans avoir à motiver sa décision.

Précisez le nombre de jours, semaines ou mois retenu. Attention : à défaut de disposition conventionnelle plus favorable ou de l'usage en vigueur dans la profession, l'essai ne peut excéder la durée suivante : un jour par semaine de contrat dans la limite de deux semaines pour tout CDD de six mois ou moins; un mois pour tout CDD de plus de six mois.

En cas de suspension du contrat de travail, cette période d'essai sera prolongée d'une durée égale à ladite suspension.

Article 4 : Lieu de travail

Le salarié exercera ses fonctions dans les locaux situés à ....

Article 5 : Rémunération

En contrepartie de son activité, le salarié percevra une rémunération mensuelle brute totale de .... euros pour une durée hebdomadaire de ...... heures.

Si le contrat est un contrat à temps partiel, insérer les clauses obligatoires pour les contrats à temps partiel :
La répartition peut être hebdomadaire : par exemple « tous les jours de ... heures à ... heures » ou « lundi : de ... heures à ... heures/mardi de ... heures à ... heures ». Elle peut aussi être mensuelle avec répartition hebdomadaire inégale (2 semaines à temps plein, le reste en inactivité par exemple).
Des heures complémentaires peuvent être effectuées en respectant les dispositions légales en vigueur, sauf clause conventionnelle plus favorable.

En cas de primes, avantages en nature, ajouter : « À cette rémunération s'ajoutent les primes suivantes : (préciser modalités de calcul, conditions d'octroi) ».

Article 6 : Frais professionnels

Les frais professionnels du salarié engagés dans l'exercice de ses fonctions lui seront remboursés sur présentation des justificatifs. Les notes de frais devront être contresignées par l'employeur.

Si l'on souhaite évaluer les frais forfaitairement, opter pour la formulation suivante : « En remboursement des frais que le salarié engage dans le cadre de ses fonctions, il percevra une allocation forfaitaire mensuelle de ... euros destinée à couvrir le coût de ses déplacements professionnels ».

Article 7 : Congés payés

Le salarié bénéficiera de .... jours de congés payés par an. Les dates de congés seront arrêtées par l'employeur.

S'il n'a pu prendre ses congés payés, le salarié bénéficiera d'une indemnité compensatrice de congés payés à la fin de son contrat.

Il faut consulter la convention collective applicable; la loi impose un minimum de 2,5 jours ouvrables par mois à défaut de dispositions conventionnelles plus favorables.

Article 8 : Droits collectifs

Le présent contrat est soumis à la convention collective .... applicable à l'entreprise.

S'il existe une convention collective applicable dans l'entreprise.

Article 9 : Fin du contrat

Au terme de son contrat, le salarié percevra une indemnité de fin de contrat aux conditions légales en vigueur qui lui sera versée en même temps que son salaire.

Article 10 : Renouvellement

L'engagement pourra faire l'objet d'un renouvellement formalisé par l'accord des parties, si l'employeur le juge opportun.

Cette clause de renouvellement ne peut figurer au contrat qu'aux deux conditions suivantes : l'employeur ne doit pas avoir procédé à un licenciement pour motif économique sur le même type de poste au cours des six mois précédents; la durée maximale du contrat, renouvellement compris, ne dépasse pas 18 mois, ou 24 mois en cas d'exécution à l'étranger.

Fait en double exemplaire à ...., le ....

Signature à faire précéder de la mention manuscrite « lu et approuvé »

L'employeur, Le salarié.

@ Contrat de travail à durée déterminée pour accroissement temporaire d'activité

CE MODÈLE PEUT ÊTRE TÉLÉCHARGÉ GRATUITEMENT SUR WWW.EDITIONS-DELMAS.COM

MISE EN GARDE

Le présent contrat n'a qu'une valeur indicative qui ne prend pas en compte les spécificités de la convention collective applicable à votre entreprise.

Entre les soussignés :

...., représentant de la société ...., immatriculée au RCS sous le numéro .... située à ...., en qualité de ....

ou

...., entrepreneur individuel immatriculé(e) au RCS sous le numéro .... dont le fonds de commerce est situé à ....

ci-après dénommé l'employeur,

Et

......................., de nationalité .... immatriculé(e) à la Sécurité sociale sous le numéro .... demeurant ....

Préciser « française » ou, le cas échéant, mentionner, pour un étranger, sa nationalité et le numéro de son titre de travail.

Si le salarié n'a jamais travaillé auparavant ou s'il était inscrit à la Sécurité sociale en tant qu'étudiant, l'inscription doit être demandée par l'employeur par le biais de la Déclaration Unique d'Embauche (DUE).

ci-après dénommé le salarié,

Il a été arrêté et convenu ce qui suit :

Article 1 : Engagement

Le salarié est engagé en vue de faire face à un accroissement temporaire de l'activité habituelle de l'entreprise découlant de ....

Il faut expliquer clairement le motif de l'accroissement temporaire d'activité (lancement de nouveaux produits, campagne publicitaire, ventes promotionnelles, etc.).

Ce contrat prend effet à compter du .... à .... heures. Il est conclu pour une durée de .... Il prendra fin le ....

La date à faire figurer est la date de prise d'effet du contrat qui peut être différente de celle de la rédaction du contrat. Si une convention collective est applicable, il faut ajouter : « le titulaire du présent contrat est soumis aux conditions de la convention collective de ... (indiquer le titre et la date de la convention collective) ».

Indiquer le nombre de jours, de semaines ou de mois.

La durée maximale pour ce type de contrat est de 18 mois renouvellement compris (24 mois si le contrat est exécuté à l'étranger).

Les coordonnées de la caisse de retraite complémentaire et de l'organisme de prévoyance sont les suivantes : ....

Article 2 : Fonctions et attributions

Le salarié est engagé en qualité de ...., ... et exercera les fonctions de ....

Préciser ici le poste exact du salarié.

S'il y a une convention collective applicable ajouter « au coefficient de ... ».

Pour l'exercice de son activité, le salarié sera placé sous l'autorité de ...., ou de toute autre personne qui pourrait être substituée à ce dernier.

Article 3 : Période d'essai

Il est convenu entre les parties au contrat de travail une période d'essai de .... au cours de laquelle chacune des parties pourra rompre sans préavis, ni indemnités et sans avoir à motiver sa décision.

Précisez le nombre de jours, semaines ou mois retenu. Attention : à défaut de disposition conventionnelle plus favorable ou de l'usage en vigueur dans la profession, l'essai ne peut excéder la durée suivante : un jour par semaine de contrat dans la limite de deux semaines pour tout CDD de six mois ou moins; un mois pour tout CDD de plus de six mois.

En cas de suspension du contrat de travail, cette période d'essai sera prolongée d'une durée égale à ladite suspension.

Article 4 : Lieu de travail

Le salarié exercera ses fonctions dans les locaux situés à ....

Article 5 : Rémunération

En contrepartie de son activité, le salarié percevra une rémunération mensuelle brute totale de .... euros pour une durée hebdomadaire de .... heures.

Si le contrat est un contrat à temps partiel, insérer les clauses obligatoires pour les contrats à temps partiel :
La répartition peut être hebdomadaire : par exemple « tous les jours de ... heures à ... heures » ou « lundi : de ... heures à ... heures/mardi de ... heures à ... heures ». Elle peut aussi être mensuelle avec répartition hebdomadaire inégale (2 semaines à temps plein, le reste en inactivité par exemple).
Des heures complémentaires peuvent être effectuées en respectant les dispositions légales en vigueur, sauf clause conventionnelle plus favorable.

En cas de primes, avantages en nature, ajouter : « À cette rémunération s'ajoutent les primes suivantes : (préciser modalités de calcul, conditions d'octroi) ».

Article 6 : Frais professionnels

Les frais professionnels du salarié engagés dans l'exercice de ses fonctions lui seront remboursés sur présentation des justificatifs. Les notes de frais devront être contresignées par l'employeur.

Si l'on souhaite évaluer les frais forfaitairement, opter pour la formulation suivante : « En remboursement des frais que le salarié engage dans le cadre de ses fonctions, il percevra une allocation forfaitaire mensuelle de ...... euros destinée à couvrir le coût de ses déplacements professionnels ».

Article 7 : Congés payés

Le salarié bénéficiera de .... jours de congés payés par an. Les dates de congés seront arrêtées par l'employeur.

Il faut consulter la convention collective applicable; la loi impose un minimum de 2,5 jours ouvrables par mois à défaut de dispositions conventionnelles plus favorables.

S'il n'a pu prendre ses congés payés, le salarié bénéficiera d'une indemnité compensatrice de congés payés à la fin de son contrat.

Article 8 : Droits collectifs

Le présent contrat est soumis à la convention collective .... applicable à l'entreprise.

S'il existe une convention collective applicable dans l'entreprise.

Article 9 : Fin du contrat

Au terme de son contrat, le salarié percevra une indemnité de fin de contrat aux conditions légales en vigueur qui lui sera versée en même temps que son salaire.

Article 10 : Renouvellement

L'engagement pourra faire l'objet d'un renouvellement formalisé par l'accord des parties, si l'employeur le juge opportun.

> Cette clause de renouvellement ne peut figurer au contrat qu'aux deux conditions suivantes : l'employeur ne doit pas avoir procédé à un licenciement pour motif économique sur le même type de poste au cours des six mois précédents ; la durée maximale du contrat, renouvellement compris, ne dépasse pas 18 mois, ou 24 mois en cas d'exécution à l'étranger.

Fait en double exemplaire, à.................., le ....

Signature à faire précéder de la mention manuscrite « lu et approuvé »

L'employeur, Le salarié.

Contrat de travail à durée déterminée pour commande exceptionnelle @ à l'exportation

CE MODÈLE PEUT ÊTRE TÉLÉCHARGÉ GRATUITEMENT SUR WWW.EDITIONS-DELMAS.COM

MISE EN GARDE

Le présent contrat n'a qu'une valeur indicative qui ne prend pas en compte les spécificités de la convention collective applicable à votre entreprise.

Entre les soussignés :

...., représentant de la société ...., immatriculée au RCS sous le numéro .... située à ...., en qualité de ....

ou

...., entrepreneur individuel immatriculé(e) au RCS sous le numéro .... dont le fonds de commerce est situé à ....

ci-après dénommé l'employeur,

Et

......................., de nationalité .... immatriculé(e) à la Sécurité sociale sous le numéro .... demeurant ....

> Préciser « française » ou, le cas échéant, mentionner, pour un étranger, sa nationalité et le numéro de son titre de travail.

> Si le salarié n'a jamais travaillé auparavant ou s'il était inscrit à la Sécurité sociale en tant qu'étudiant, l'inscription doit être demandée par l'employeur par le biais de la Déclaration Unique d'Embauche (DUE).

ci-après dénommé le salarié,

Il a été arrêté et convenu ce qui suit :

Article 1 : Engagement

Le salarié est engagé en vue de faire face à une commande exceptionnelle à l'exportation. L'importance de la commande nécessitant la mise en œuvre de ....

Préciser les moyens humains supplémentaires et, s'il existe des représentants du personnel, préciser qu'ils ont été consultés sur les besoins en personnel liés à la commande exceptionnelle.

Ce contrat prend effet à compter du .... à .... heures. Il est conclu pour une durée de .... Il prendra fin le ....

La durée maximale pour ce type de contrat est de 18 mois renouvellement compris (24 mois si le contrat est exécuté à l'étranger).

Indiquer le nombre de jours, de semaines ou de mois.

La date à faire figurer est la date de prise d'effet du contrat qui peut être différente de celle de la rédaction du contrat. Si une convention collective est applicable, il faut ajouter : « le titulaire du présent contrat est soumis aux conditions de la convention collective de ... (indiquer le titre et la date de la convention collective) ».

Les coordonnées de la caisse de retraite complémentaire et de l'organisme de prévoyance sont les suivantes : ....

Article 2 : Fonctions et attributions

Le salarié est engagé en qualité de ...., ... et exercera les fonctions de ....

S'il y a une convention collective applicable ajouter « au coefficient de ... ».

Préciser ici le poste exact du salarié.

Pour l'exercice de son activité, le salarié sera placé sous l'autorité de ...., ou de toute autre personne qui pourrait être substituée à ce dernier.

Article 3 : Période d'essai

Il est convenu entre les parties au contrat de travail une période d'essai de .... au cours de laquelle chacune des parties pourra rompre sans préavis, ni indemnités et sans avoir à motiver sa décision.

Précisez le nombre de jours, semaines ou mois retenu. Attention : à défaut de disposition conventionnelle plus favorable ou de l'usage en vigueur dans la profession, l'essai ne peut excéder la durée suivante : un jour par semaine de contrat dans la limite de deux semaines pour tout CDD de six mois ou moins; un mois pour tout CDD de plus de six mois.

En cas de suspension du contrat de travail, cette période d'essai sera prolongée d'une durée égale à ladite suspension.

Article 4 : Lieu de travail

Le salarié exercera ses fonctions dans les locaux situés à ....

Article 5 : Rémunération

En contrepartie de son activité, le salarié percevra une rémunération mensuelle brute totale de .... euros pour une durée hebdomadaire de .... heures.

En cas de primes, avantages en nature, ajouter : « À cette rémunération s'ajoutent les primes suivantes : (préciser modalités de calcul, conditions d'octroi) ».

Si le contrat est un contrat à temps partiel, insérer les clauses obligatoires pour les contrats à temps partiel :
La répartition peut être hebdomadaire : par exemple « tous les jours de ... heures à ... heures » ou « lundi : de ... heures à ... heures/mardi de ... heures à ... heures ». Elle peut aussi être mensuelle avec répartition hebdomadaire inégale (2 semaines à temps plein, le reste en inactivité par exemple).
Des heures complémentaires peuvent être effectuées en respectant les dispositions légales en vigueur, sauf clause conventionnelle plus favorable.

Article 6 : Frais professionnels

Les frais professionnels du salarié engagés dans l'exercice de ses fonctions lui seront remboursés sur présentation des justificatifs. Les notes de frais devront être contresignées par l'employeur.

Si l'on souhaite évaluer les frais forfaitairement, opter pour la formulation suivante : « En remboursement des frais que le salarié engage dans le cadre de ses fonctions, il percevra une allocation forfaitaire mensuelle de ...... euros destinée à couvrir le coût de ses déplacements professionnels ».

Article 7 : Congés payés

Le salarié bénéficiera de .... jours de congés payés par an. Les dates de congés seront arrêtées par l'employeur.

Il faut consulter la convention collective applicable ; la loi impose un minimum de 2,5 jours ouvrables par mois à défaut de dispositions conventionnelles plus favorables.

S'il n'a pu prendre ses congés payés, le salarié bénéficiera d'une indemnité compensatrice de congés payés à la fin de son contrat.

Article 8 : Droits collectifs

Le présent contrat est soumis à la convention collective .... applicable à l'entreprise.

S'il existe une convention collective applicable dans l'entreprise.

Article 9 : Fin du contrat

Au terme de son contrat, le salarié percevra une indemnité de fin de contrat aux conditions légales en vigueur qui lui sera versée en même temps que son salaire.

Article 10 : Renouvellement

L'engagement pourra faire l'objet d'un renouvellement formalisé par l'accord des parties, si l'employeur le juge opportun.

> Cette clause de renouvellement ne peut figurer au contrat qu'aux deux conditions suivantes : l'employeur ne doit pas avoir procédé à un licenciement pour motif économique sur le même type de poste au cours des six mois précédents; la durée maximale du contrat, renouvellement compris, ne dépasse pas 18 mois, ou 24 mois en cas d'exécution à l'étranger.

Fait en double exemplaire à ...., le ....

Signature à faire précéder de la mention manuscrite « lu et approuvé »

L'employeur, Le salarié.

@ Contrat de travail à durée déterminée pour une tâche occasionnelle non liée à l'activité normale de l'entreprise

CE MODÈLE PEUT ÊTRE TÉLÉCHARGÉ GRATUITEMENT SUR WWW.EDITIONS-DELMAS.COM

MISE EN GARDE

Le présent contrat n'a qu'une valeur indicative qui ne prend pas en compte les spécificités de la convention collective applicable à votre entreprise.

Entre les soussignés :

...., représentant de la société ...., immatriculée au RCS sous le numéro .... située à ...., en qualité de ....

ou

...., entrepreneur individuel immatriculé(e) au RCS sous le numéro .... dont le fonds de commerce est situé à ....

ci-après dénommé l'employeur,

Et

......................, de nationalité .... immatriculé(e) à la Sécurité sociale sous le numéro .... demeurant ....

Préciser « française » ou, le cas échéant, mentionner, pour un étranger, sa nationalité et le numéro de son titre de travail.

Si le salarié n'a jamais travaillé auparavant ou s'il était inscrit à la Sécurité sociale en tant qu'étudiant, l'inscription doit être demandée par l'employeur par le biais de la Déclaration Unique d'Embauche (DUE).

ci-après dénommé le salarié,

Il a été arrêté et convenu ce qui suit :

Article 1 : Engagement

Le salarié est engagé pour ...., tâche ponctuelle qui ne relève pas de l'activité normale et principale de l'entreprise.

Préciser la nature de la mission occasionnelle (exemple : audit, action de formation).

Ce contrat prend effet à compter du .... , à .... heures. Il est conclu pour une durée de .... Il prendra fin le ....

La durée maximale pour ce type de contrat est de 18 mois renouvellement compris (24 mois si le contrat est exécuté à l'étranger).

Indiquer le nombre de jours, de semaines ou de mois.

La date à faire figurer est la date de prise d'effet du contrat qui peut être différente de celle de la rédaction du contrat. Si une convention collective est applicable, il faut ajouter : « le titulaire du présent contrat est soumis aux conditions de la convention collective de ... (indiquer le titre et la date de la convention collective) ».

Les coordonnées de la caisse de retraite complémentaire et de l'organisme de prévoyance sont les suivantes : ....

Article 2 : Fonctions et attributions

Le salarié est engagé en qualité de ...., ... et exercera les fonctions de ....

S'il y a une convention collective applicable ajouter « au coefficient de ... ».

Préciser ici le poste exact du salarié.

Pour l'exercice de son activité, le salarié sera placé sous l'autorité de ...., ou de toute autre personne qui pourrait être substituée à ce dernier.

Article 3 : Période d'essai

Il est convenu entre les parties au contrat de travail une période d'essai de .... au cours de laquelle chacune des parties pourra rompre sans préavis, ni indemnités et sans avoir à motiver sa décision.

Précisez le nombre de jours, semaines ou mois retenu. Attention : à défaut de disposition conventionnelle plus favorable ou de l'usage en vigueur dans la profession, l'essai ne peut excéder la durée suivante : un jour par semaine de contrat dans la limite de deux semaines pour tout CDD de six mois ou moins; un mois pour tout CDD de plus de six mois.

En cas de suspension du contrat de travail, cette période d'essai sera prolongée d'une durée égale à ladite suspension.

Article 4 : Lieu de travail

Le salarié exercera ses fonctions dans les locaux situés à ....

Article 5 : Rémunération

En contrepartie de son activité, le salarié percevra une rémunération mensuelle brute totale de .... euros pour une durée hebdomadaire de .... heures.

Si le contrat est un contrat à temps partiel, insérer les clauses obligatoires pour les contrats à temps partiel :
La répartition peut être hebdomadaire : par exemple « tous les jours de ... heures à ... heures » ou « lundi : de ... heures à ... heures/mardi de ... heures à ... heures ». Elle peut aussi être mensuelle avec répartition hebdomadaire inégale (2 semaines à temps plein, le reste en inactivité par exemple).
Des heures complémentaires peuvent être effectuées en respectant les dispositions légales en vigueur, sauf clause conventionnelle plus favorable.

En cas de primes, avantages en nature, ajouter : « À cette rémunération s'ajoutent les primes suivantes : (préciser modalités de calcul, conditions d'octroi) ».

Article 6 : Frais professionnels

Les frais professionnels du salarié engagés dans l'exercice de ses fonctions lui seront remboursés sur présentation des justificatifs. Les notes de frais devront être contresignées par l'employeur.

Si l'on souhaite évaluer les frais forfaitairement, opter pour la formulation suivante : « En remboursement des frais que le salarié engage dans le cadre de ses fonctions, il percevra une allocation forfaitaire mensuelle de ...... euros destinée à couvrir le coût de ses déplacements professionnels ».

Article 7 : Congés payés

Le salarié bénéficiera de .... jours de congés payés par an. Les dates de congés seront arrêtées par l'employeur.

Il faut consulter la convention collective applicable; la loi impose un minimum de 2,5 jours ouvrables par mois à défaut de dispositions conventionnelles plus favorables.

S'il n'a pu prendre ses congés payés, le salarié bénéficiera d'une indemnité compensatrice de congés payés à la fin de son contrat.

Article 8 : Droits collectifs

Le présent contrat est soumis à la convention collective .... applicable à l'entreprise.

S'il existe une convention collective applicable dans l'entreprise.

Article 9 : Fin du contrat

Au terme de son contrat, le salarié percevra une indemnité de fin de contrat aux conditions légales en vigueur qui lui sera versée en même temps que son salaire.

Article 10 : Renouvellement

L'engagement pourra faire l'objet d'un renouvellement formalisé par l'accord des parties, si l'employeur le juge opportun.

> Cette clause de renouvellement ne peut figurer au contrat qu'aux deux conditions suivantes : l'employeur ne doit pas avoir procédé à un licenciement pour motif économique sur le même type de poste au cours des six mois précédents ; la durée maximale du contrat, renouvellement compris, ne dépasse pas 18 mois, ou 24 mois en cas d'exécution à l'étranger.

Fait en double exemplaire à ………………, le ………

Signature à faire précéder de la mention manuscrite « lu et approuvé »

L'employeur, Le salarié.

@ Modèle de clause de période d'essai

CE MODÈLE PEUT ÊTRE TÉLÉCHARGÉ GRATUITEMENT SUR WWW.EDITIONS-DELMAS.COM

La période d'essai est fixée conformément à .....

> Préciser selon les cas la loi, la convention collective en vigueur ou le contrat de travail.

Elle commence le .... et se finit le ....

Pendant cette période, chaque partie pourra mettre fin à l'essai. Aucune indemnité de départ ne sera versée. Aucune formalité de rupture n'est à respecter.

> Pour des raisons de preuves, il est cependant vivement conseillé d'envoyer une lettre recommandée AR.

Le salarié est soumis pendant la période d'essai aux obligations inhérentes à sa fonction qu'il exercera dans les mêmes conditions que les salariés à un poste identique.

Cet essai pourra être renouvelé une fois avec l'accord des parties au contrat de travail ou dans les termes prévus par la convention collective.

> Consulter la convention collective applicable à l'entreprise notamment sur la question du préavis obligatoire.

@ Modèle de clause de non-concurrence

CE MODÈLE PEUT ÊTRE TÉLÉCHARGÉ GRATUITEMENT SUR WWW.EDITIONS-DELMAS.COM

En raison de la nature des fonctions exercée par M. .... en cas de rupture du présent contrat à quelque époque et pour quelque cause que ce soit, M. .... s'interdit de s'intéresser à quelque titre que ce soit, directement ou indirectement à toute entreprise ayant une activité susceptible de concurrencer en tout ou partie celle de la société ....

« et celles des sociétés du groupe .... au sein desquelles M. .... aura été amené à intervenir ».

Cette interdiction de concurrence est limitée à une période de .... ans à compter de la cessation effective d'activité et couvre ....

Préciser le secteur géographique.

En contrepartie de cette obligation de non-concurrence, M. .... percevra pendant toute la durée d'application de cette interdiction une indemnité mensuelle égale à .... % du salaire moyen brut des .... derniers mois d'activité.

La société pourra délivrer M. .... de la présente clause de non-concurrence ou en réduire la durée sous condition de l'en informer par lettre recommandée avec accusé de réception dans les .... jours qui suivent la notification de la rupture du contrat de travail.

Toute violation de la part de M. .... à cette interdiction de concurrence le rendrait automatiquement redevable, outre le remboursement de l'indemnité de non-concurrence déjà perçue, d'une pénalité fixée dès à présent forfaitairement à .... mois de salaire moyen brut. Le paiement de cette pénalité ne porte pas atteinte aux droits de la société de poursuivre M. ………… en remboursement du préjudice subi et de faire ordonner sous astreinte la cessation de l'activité concurrentielle.

La présente clause ne s'applique pas en cas de rupture du contrat pendant la période d'essai.

@ Modèle de clause d'exclusivité

CE MODÈLE PEUT ÊTRE TÉLÉCHARGÉ GRATUITEMENT SUR WWW.EDITIONS-DELMAS.COM

M. ………… consacrera les soins les plus diligents à l'accomplissement des différentes missions lui incombant en application du présent contrat.

En raison de la nature de ses fonctions, M. ………… s'engage à n'avoir aucune autre activité professionnelle, soit pour son propre compte, soit pour le compte d'une autre entreprise, sauf autorisation préalable expresse de la direction.

@ Modèles de clauses de mobilité géographique

Variante 1 :

Compte tenu des fonctions assurées, M. .... sera conduit à exercer celles-ci sur les différents chantiers sur lesquels la société est amenée à intervenir sans que M. .... puisse se prévaloir d'une quelconque modification de son contrat.

Variante 2 :

M. .... exerce son activité sur le secteur géographique suivant ....

Il est toutefois convenu que cette affectation commerciale pourra être modifiée en fonction notamment des nécessités de l'organisation convenue ou des résultats enregistrés sans que cela constitue une modification de son contrat de travail dès lors qu'elle n'implique pas un changement de résidence.

Variante 3 :

Le lieu de travail de M. .... est actuellement fixé à ....

Compte tenu de la nature des fonctions de M. ...., les besoins liés à l'organisation et à la bonne marche de l'entreprise ou les opportunités de carrière pourront, à tout moment, conduire à un changement de ce lieu de travail, sans que cela constitue une modification du présent contrat.

Si ce changement de lieu de travail entraîne l'obligation de changer de résidence, les frais de déménagement et de réinstallation seront pris en charge par la société selon les modalités en vigueur.

Variante complémentaire

Par ailleurs, la nature des fonctions de M. .... peuvent le conduire à effectuer des déplacements de plus ou moins longue durée (en France ou à l'étranger).

Mini code de l'embauche

Code du travail

Attention : une ordonnance portant recodification de la partie législative du Code du travail est attendue dans le courant du premier semestre 2007.

Sur le contenu de l'offre de l'emploi

Art. L. 311-4 ○ La vente d'offres ou de demandes d'emploi, quel que soit le support utilisé, est interdite. Toutefois, cette interdiction ne fait pas obstacle à l'insertion, à titre onéreux, d'offres ou de demandes d'emploi dans une publication ou un autre moyen de communication payant.

Toute offre d'emploi publiée ou diffusée doit être datée.

Tout employeur qui fait insérer dans un journal, revue ou écrit périodique ou fait diffuser par tout autre moyen de communication accessible au public » une offre anonyme d'emploi est tenu de faire connaître son nom ou sa raison sociale et son adresse au directeur de la publication ou au responsable du moyen de communication susmentionné. Lorsque l'insertion est demandée par une agence de publicité, un organisme de sélection ou tout autre intermédiaire, il appartient à ceux-ci de fournir au directeur de la publication ou au responsable du moyen de communication susmentionné les renseignements susvisés concernant l'employeur.

Dans le cas d'offre anonyme, les directions départementales du travail et de la main-d'œuvre et les services de l'Agence nationale pour l'emploi pourront, sur simple demande de leur part, obtenir du directeur de la publication ou du responsable du moyen de communication les renseignements visés à l'alinéa précédent concernant l'employeur. Ces renseignements pourront être utilisés pour l'information des candidats éventuels à l'offre d'emploi publiée ou diffusée.

Il est interdit de faire publier dans un journal, revue ou écrit périodique ou de diffuser par tout autre moyen de communication accessible au public une insertion d'offres d'emploi ou d'offres de travaux à domicile comportant :

1° La mention d'une limite d'âge supérieure exigée du postulant à un emploi soumis aux dispositions du Code du travail. Toutefois, cette interdiction ne concerne pas les offres qui fixent des conditions d'âge imposées par les textes législatifs et réglementaires ;

2° Des allégations fausses ou susceptibles d'induire en erreur et portant en particulier sur un ou plusieurs éléments ci-après : l'existence, le caractère effectivement disponible, l'origine, la nature et la description de l'emploi ou du travail à domicile offert, la rémunération et les avantages annexes proposés ainsi que le lieu du travail.

3° Un texte rédigé en langue étrangère [Dispositions déclarées non conformes à la Constitution par décision du Conseil constitutionnel n° 94-345 DC du 29 juillet 1994].

Lorsque l'emploi ou le travail offert ne peut être désigné que par un terme étranger sans correspondant en français, le texte français doit en comporter une description suffisamment détaillée pour ne pas induire en erreur au sens du 2° ci-dessus.

Les prescriptions des deux alinéas précédents s'appliquent aux services à exécuter sur le territoire français, quelle que soit la nationalité de l'auteur de l'offre ou de l'employeur, et aux services à exécuter hors du territoire français lorsque l'auteur de l'offre ou l'employeur est français, alors même que la parfaite connaissance d'une langue étrangère serait une des conditions requises pour tenir l'emploi proposé.

Toutefois, les directeurs de publications et les personnes responsables de moyens de communication utilisant, en tout ou partie, une langue étrangère peuvent, en France, recevoir des offres d'emploi rédigées dans cette langue.

Les publicités faites en faveur d'une ou plusieurs entreprises de travail temporaire et les offres d'emploi provenant de celles-ci doivent mentionner expressément la dénomination de ces entreprises et leur caractère d'entreprise de travail temporaire.

Art. L. 311-4-2 ○ Les agents de la direction générale de la concurrence, de la consommation et de la répression des fraudes sont habilités à rechercher et constater, dans les conditions prévues à l'article L. 121-2 du Code de la consommation, les infractions aux dispositions du 2° de l'article L. 311-4 et à celles de l'article L. 311-4-1.

Art. L. 631-4 ○ L'insertion d'une offre d'emploi ou d'une offre de travaux à domicile en infraction aux dispositions du 2° de l'article L. 311-4 ou l'insertion d'une offre de service concernant les emplois et carrières en infraction aux dispositions de l'article L. 311-4-1 est punie d'un emprisonnement d'un an et d'une amende de 37 500 €.

L'annonceur qui a demandé la diffusion de l'offre est responsable de l'infraction commise.

Le directeur de la publication ou le fournisseur du service ayant communiqué l'offre au public est responsable lorsqu'il a agi sans demande expresse d'insertion de l'offre émanant de l'annonceur.

Sur le CV anonyme

Art. L. 121-6-1 ○ Dans les entreprises de cinquante salariés et plus, les informations mentionnées à l'article L. 121-6 et communiquées par écrit par le candidat à l'emploi doivent être examinées dans des conditions préservant son anonymat. Les modalités d'application du présent article sont déterminées par décret en Conseil d'État.

Sur les questionnaires d'embauche

Art. L. 120-2 ○ Nul ne peut apporter aux droits des personnes et aux libertés individuelles et collectives de restrictions qui ne seraient pas justifiées par la nature de la tâche à accomplir ni proportionnées au but recherché.

Art. L. 121-6 ○ Les informations demandées, sous quelque forme que ce soit, au candidat à un emploi ou à un salarié ne peuvent avoir comme finalité que d'apprécier sa capacité à occuper l'emploi proposé ou ses aptitudes professionnelles.

Ces informations doivent présenter un lien direct et nécessaire avec l'emploi proposé ou avec l'évaluation des aptitudes professionnelles. Le candidat à un emploi ou le salarié est tenu d'y répondre de bonne foi.

Sur les techniques d'aide au recrutement

Art. L. 121-7 ○ Le candidat à un emploi est expressément informé, préalablement à leur mise en œuvre, des méthodes et techniques d'aide au recrutement utilisées à son égard. Le salarié est informé de la même manière des méthodes et techniques d'évaluation professionnelles mises en œuvre à son égard. Les résultats obtenus doivent rester confidentiels.

Les méthodes et techniques d'aide au recrutement ou d'évaluation des salariés et des candidats à un emploi doivent être pertinentes au regard de la finalité poursuivie.

Art. L. 121-8 ○ Aucune information concernant personnellement un salarié ou un candidat à un emploi ne peut être collectée par un dispositif qui n'a pas été porté préalablement à la connaissance du salarié ou du candidat à un emploi.

Sur les contrats à durée déterminée

Sur les cas de recours

Art. L. 122-1-1 ○ Le contrat de travail ne peut être conclu pour une durée déterminée que dans les cas suivants :

1° Remplacement d'un salarié en cas d'absence, de passage provisoire à temps partiel, conclu par avenant à son contrat de travail ou par échange écrit entre ce salarié et son employeur, de suspension de son contrat de travail, de départ définitif précédant la suppression de son poste de travail ayant fait l'objet d'une saisine du comité d'entreprise ou, à défaut, des délégués du personnel, s'il en existe, ou en cas d'attente de l'entrée en service effective du salarié recruté par contrat à durée indéterminée appelé à le remplacer ;

2° Accroissement temporaire de l'activité de l'entreprise ;

3° Emplois à caractère saisonnier ou pour lesquels, dans certains secteurs d'activité définis par décret ou par voie de convention ou d'accord collectif étendu, il est d'usage constant de ne pas recourir au contrat de travail à durée indéterminée en raison de la nature de l'activité exercée et du caractère par nature temporaire de ces emplois ;

4° Remplacement d'un chef d'entreprise artisanale, industrielle ou commerciale, d'une personne exerçant une profession libérale, de son conjoint participant effectivement à l'activité de l'entreprise à titre professionnel et habituel ou d'un associé non salarié d'une société civile professionnelle, d'une société civile de moyens ou d'une société d'exercice libéral ;

5° Remplacement d'un chef d'exploitation agricole ou d'entreprise tels que définis aux 1° à 4° de l'article L. 722-1 du Code rural, d'un aide familial, d'un associé d'exploitation, ou de leur conjoint visé à l'article L. 722-10 du même code dès lors qu'il participe effectivement à l'activité de l'entreprise ou de l'exploitation agricole.

Sur le formalisme des CDD

Art. L. 122-3-1 ○ Le contrat de travail à durée déterminée doit être établi par écrit et comporter la définition précise de son motif ; à défaut, il est réputé conclu pour une durée indéterminée.

Il doit, notamment, comporter :

– le nom et la qualification de la personne remplacée lorsqu'il est conclu au titre du 1° de l'article L. 122-1-1 ;

– la date d'échéance du terme et, le cas échéant, une clause de renouvellement lorsqu'il comporte un terme précis;

– la durée minimale pour laquelle il est conclu lorsqu'il ne comporte pas de terme précis;

– la désignation du poste de travail en précisant, le cas échéant, si ce poste figure sur la liste prévue à l'article L. 231-3-1, de l'emploi occupé ou, lorsqu'il est conclu au titre du 2° de l'article L. 122-2, de la nature des activités auxquelles participe l'intéressé durant son séjour dans l'entreprise;

– l'intitulé de la convention collective applicable;

– la durée de la période d'essai éventuellement prévue;

– le montant de la rémunération et de ses différentes composantes, y compris, s'il en existe, les primes et accessoires de salaire;

– le nom et l'adresse de la caisse de retraite complémentaire ainsi que, le cas échéant, ceux de l'organisme de prévoyance.

Le contrat de travail doit être transmis au salarié, au plus tard dans les deux jours suivant l'embauche.

Sur la présomption de non-salariat

Art. L. 120-3 ○ Les personnes physiques immatriculées au registre du commerce et des sociétés, au répertoire des métiers, au registre des agents commerciaux ou auprès des unions de recouvrement des cotisations de sécurité sociale et d'allocations familiales pour le recouvrement des cotisations d'allocations familiales ou inscrites au registre des entreprises de transport routier de personnes, qui effectuent du transport scolaire prévu par l'article L. 213-11 du Code de l'éducation, ou du transport à la demande conformément à l'article 29 de la loi n° 82-1153 du 30 décembre 1982 d'orientation des transports intérieurs, ainsi que les dirigeants des personnes morales immatriculées au registre du commerce et des sociétés et leurs salariés sont présumés ne pas être liés avec le donneur d'ouvrage par un contrat de travail dans l'exécution de l'activité donnant lieu à cette immatriculation.

Toutefois, l'existence d'un contrat de travail peut être établie lorsque les personnes citées au premier alinéa fournissent directement ou par une personne interposée des prestations à un donneur d'ouvrage dans des conditions qui les placent dans un lien de subordination juridique permanente à l'égard de celui-ci. Dans un tel cas, il n'y a dissimulation d'emploi salarié que s'il est établi que le donneur d'ouvrage s'est soustrait intentionnellement à l'accomplissement de l'une des formalités prévues aux articles L. 143-3 et L. 320.

Sur la présomption de salariat

Art. L. 721-1 ○ Sont considérés comme travailleurs à domicile ceux qui satisfont aux conditions suivantes :

1° Exécuter, moyennant une rémunération forfaitaire, pour le compte d'un ou plusieurs établissements industriels, artisanaux ou non, commerciaux ou agricoles, de quelque nature que soient les établissements, qu'ils soient publics ou privés, laïques ou religieux, même s'ils ont un caractère d'enseignement professionnel ou de bienfaisance, un travail qui leur est confié soit directement, soit par un intermédiaire;

2° Travailler soit seuls, soit avec leur conjoint ou avec leurs enfants à charge au sens fixé par l'article 285 du Code de la sécurité sociale [nouv. CSS, art. L. 313-3 et R. 313-12], ou avec un auxiliaire.

Il n'y a pas lieu de rechercher :

– s'il existe entre eux et le donneur d'ouvrage un lien de subordination juridique sous réserve de l'application des dispositions de l'article L. 120-3 [al. 1er et 2 abrogés par L. n° 2000-37 du 19 janv. 2000];

– s'ils travaillent sous la surveillance immédiate et habituelle du donneur d'ouvrage;

– si le local où ils travaillent et le matériel qu'ils emploient, quelle qu'en soit l'importance leur appartiennent;

– s'ils se procurent eux-mêmes les fournitures accessoires;

– ni quel est le nombre d'heures effectuées.

Les dispositions du présent chapitre sont applicables aux salariés des offices publics ou ministériels, des professions libérales, des sociétés civiles, des syndicats professionnels et associations de quelque nature que ce soit.

Art. L. 751-1 ○ Les conventions dont l'objet est la représentation, intervenues entre les voyageurs, représentants ou placiers, d'une part, et leurs employeurs, d'autre part, sont, nonobstant toute stipulation expresse du contrat ou en son silence, des contrats de louage de services lorsque les voyageurs, représentants ou placiers :

1° Travaillent pour le compte d'un ou plusieurs employeurs;

2° Exercent en fait d'une façon exclusive et constante leur profession de représentant;

3° Ne font effectivement aucune opération commerciale pour leur compte personnel;

4° Sont liés à leurs employeurs par des engagements déterminant la nature des prestations de services ou des marchandises offertes à la vente ou à l'achat, la région dans laquelle ils doivent exercer leur activité ou les catégories de clients qu'ils sont chargés de visiter, le taux des rémunérations.

L'absence de clauses interdisant, soit l'exercice d'une autre profession, soit l'accomplissement d'opérations commerciales personnelles ne peut faire obstacle à l'application des dispositions ci-dessus.

Art. L. 761-1 ○ Sous réserve de ce qui est dit au présent chapitre, les dispositions des livres I à VI du Code du travail sont applicables aux journalistes professionnels et assimilés.

Art. L. 761-2 ○ Le journaliste professionnel est celui qui a pour occupation principale, régulière et rétribuée l'exercice de sa profession dans une ou plusieurs publications quotidiennes ou périodiques ou dans une ou plusieurs agences de presse et qui en tire le principal de ses ressources.

Le correspondant, qu'il travaille sur le territoire français ou à l'étranger, est un journaliste professionnel s'il reçoit des appointements fixes et remplit les conditions prévues au paragraphe précédent.

Sont assimilés aux journalistes professionnels les collaborateurs directs de la rédaction :

– rédacteurs-traducteurs, sténographes-rédacteurs, rédacteurs-reviseurs,

– reporters-dessinateurs, reporters-photographes, à l'exclusion des agents de publicité et de tous ceux qui n'apportent, à un titre quelconque qu'une collaboration occasionnelle.

Toute convention par laquelle une entreprise de presse s'assure, moyennant rémunération, le concours d'un journaliste professionnel au sens du premier alinéa du présent article est présumée être un contrat de travail. Cette présomption subsiste quels que soient le mode et le montant de la rémunération ainsi que la qualification donnée à la convention par les parties.

Art. L. 763-1 ○ Tout contrat par lequel une personne physique ou morale s'assure, moyennant rémunération, le concours d'un mannequin est présumé être un contrat de travail.

Cette présomption subsiste quels que soient le mode et le montant de la rémunération ainsi que la qualification donnée au contrat par les parties. Elle n'est pas non plus détruite par la preuve que le mannequin conserve une entière liberté d'action pour l'exécution de son travail de présentation.

Est considérée comme exerçant une activité de mannequin toute personne qui est chargée soit de présenter au public, directement ou indirectement par reproduction de son image sur tout support visuel ou audiovisuel, un produit, un service ou un message publicitaire, soit de poser comme modèle, avec ou sans utilisation ultérieure de son image, même si cette activité n'est exercée qu'à titre occasionnel.

Art. L. 773-1 ○ Relèvent des dispositions du présent chapitre, sous réserve qu'elles soient titulaires de l'agrément prévu à l'article L. 421-3 du Code de l'action sociale et des familles, les personnes qui accueillent habituellement à leur domicile, moyennant rémunération, des mineurs et, en application des dispositions de l'article L. 421-17 du Code de l'action sociale et des familles, des majeurs de moins de vingt et un ans qui leur sont confiés par des particuliers ou par des personnes morales de droit privé.

Art. L. 781-1 ○ Les dispositions du présent code qui visent les apprentis, ouvriers, employés, travailleurs sont applicables aux catégories de travailleurs particuliers ci-après :

1° Les personnes qui, dans une entreprise industrielle ou commerciale, sont chargées par le chef d'entreprise ou avec son agrément de se mettre à la disposition des clients durant le séjour de ceux-ci dans les locaux ou dépendances de l'entreprise, en vue de recevoir d'eux des dépôts de vêtements ou d'autres objets ou de leur rendre des services de toute nature ;

2° Les personnes dont la profession consiste essentiellement, soit à vendre des marchandises ou denrées de toute nature, des titres, des volumes, publications, billets de toute sorte qui leur sont fournis exclusivement ou presque exclusivement par une seule entreprise industrielle ou commerciale, soit à recueillir les commandes ou à recevoir des objets à traiter, manutentionner ou transporter, pour le compte d'une seule entreprise industrielle ou commerciale, lorsque ces personnes exercent leur profession dans un local fourni ou agréé par cette entreprise et aux conditions et prix imposés par ladite entreprise.

Toutefois, le chef de l'entreprise industrielle ou commerciale qui fournit les marchandises, denrées, titres ou billets, ou pour le compte de laquelle sont recueillies les commandes ou sont reçus les objets à traiter, manutentionner ou transporter ne sera responsable de l'application au profit des personnes ci-dessus visées de la réglementation du travail résultant du livre II du présent code que si les conditions de travail, d'hygiène et de sécurité du travail dans l'établissement ont été fixées par ce chef d'entreprise ou soumises à son agrément.

Dans le cas contraire ces personnes énumérées sont assimilées à des directeurs d'établissements et la réglementation résultant des livres I et II du présent code ne leur est applicable que dans la mesure où elle s'applique aux chefs d'établissements directeurs ou gérants, notamment en ce qui concerne la fermeture des établissements résultant de l'application des articles L. 221-17 et L. 221-18 du présent code.

En ce qui concerne le personnel placé sous les ordres des personnes définies ci-dessus, celles-ci ne sont responsables au lieu et place du chef d'entreprise industrielle ou commerciale avec lequel elles ont contracté, de l'application des dispositions des livres I et II du présent code à l'égard du personnel que si elles ont toute liberté en matière d'embauchage, de licenciement et de fixation des conditions de travail dudit personnel.

Art. L. 782-1 ○ Les personnes qui exploitent, moyennant des remises proportionnelles au montant des ventes, les succursales des maisons d'alimentation de détail ou des coopératives de consommation sont qualifiées « gérants non salariés » lorsque le contrat intervenu ne fixe pas les conditions de leur travail et leur laisse toute latitude d'embaucher du personnel ou de se substituer des remplaçants à leurs frais et sous leur entière responsabilité. La clause de fourniture exclusive avec vente à prix imposé est une modalité commerciale qui ne modifie pas la nature du contrat.

Les dispositions du chapitre Ier du présent titre sont applicables aux personnes mentionnées à l'alinéa précédent sous réserve des dispositions du présent chapitre.

Sur les clauses d'exclusivité et le congé ou travail à temps partiel pour création d'entreprise

Art. L. 121-9 ○ Nonobstant toute stipulation contractuelle ou conventionnelle contraire, aucune clause d'exclusivité, à l'exception de celle prévue à l'article L. 751-3, ne peut être opposée par son employeur au salarié qui crée ou reprend une entreprise, pendant une durée d'un an à compter soit de son inscription au registre du commerce et des sociétés ou au répertoire des métiers, soit de sa déclaration de début d'activité professionnelle agricole ou indépendante.

Lorsqu'un congé pour la création ou la reprise d'entreprise fait l'objet d'une prolongation dans les conditions prévues à l'article L. 122-32-14, les dispositions du premier alinéa sont présumées s'appliquer jusqu'au terme de la prolongation.

Le salarié reste soumis à l'obligation de loyauté à l'égard de son employeur.

Sur le salarié titulaire d'un mandat parlementaire

Art. L. 122-24-2 ○ Le contrat de travail d'un salarié membre de l'Assemblée nationale ou du Sénat est, sur sa demande, suspendu jusqu'à l'expiration de son mandat, s'il justifie d'une ancienneté minimale d'une année chez l'employeur à la date de son entrée en fonction.

La suspension prend effet quinze jours après la notification qui en est faite à l'employeur, à la diligence du salarié, par lettre recommandée avec demande d'avis de réception.

Le salarié doit manifester son intention de reprendre son emploi en adressant à son employeur une lettre recommandée avec demande d'avis de réception au plus tard dans les deux mois qui suivent l'expiration de son mandat.

Il retrouve son précédent emploi, ou un emploi analogue assorti d'une rémunération équivalente, dans les deux mois suivant la date à laquelle il a avisé son employeur. Il bénéficie de tous les avantages acquis par les salariés de sa catégorie durant l'exercice de son mandat. Il bénéficie en outre, en tant que de besoin, d'une réadaptation professionnelle en cas de changement de techniques ou de méthodes de travail.

Les dispositions de l'alinéa précédent ne sont pas applicables lorsque le mandat a été renouvelé, à moins que la durée de la suspension prévue au premier alinéa de cet article n'ait été, pour quelque cause que ce soit, inférieure à cinq ans. Il en est de même lorsque le salarié membre de l'une des assemblées visées au premier alinéa est élu dans l'autre. À l'expiration du ou des mandats renouvelés, le salarié peut cependant solliciter son réembauchage dans les forme et délai prévus au troisième alinéa du présent article.

L'employeur est alors tenu, pendant un an, de l'embaucher par priorité dans les emplois auxquels sa qualification lui permet de prétendre et de lui accorder, en cas de réemploi, le bénéfice de tous les avantages qu'il avait acquis au moment de son départ.

Un décret fixera les conditions dans lesquelles les droits des salariés, notamment en matière de prévoyance et de retraite, leur seront conservés durant la durée du mandat.

Sur l'interdiction d'emploi des femmes enceintes

Art. L. 122-26 ○ La salariée a le droit de suspendre le contrat de travail pendant une période qui commence six semaines avant la date présumée de l'accouchement et se termine dix semaines après la date de celui-ci. Lorsque des naissances multiples sont prévues, cette période commence douze semaines avant la date présumée de l'accouchement, vingt-quatre semaines en cas de naissance de plus de deux enfants et se termine vingt-deux semaines après la date de l'accouchement. En cas de naissance de deux enfants, la période antérieure à la date présumée de l'accouchement peut être augmentée d'une durée maximale de quatre semaines; la période de vingt-deux semaines postérieure à l'accouchement est alors réduite d'autant. Cette période commence huit semaines avant la date présumée de l'accouchement et se termine dix-huit semaines après la date de celui-ci lorsque, avant l'accouchement, la salariée elle-même ou le ménage assume déjà la charge de deux enfants au moins dans les conditions prévues aux articles L. 525 à L. 529 du Code de la sécurité sociale [nouv. CSS, art. L. 512-3 s. et L. 521-2] ou lorsque la salariée a déjà mis au monde au moins deux enfants nés viables. La période de huit semaines de suspension du contrat de travail antérieure à la date présumée de l'accouchement peut être augmentée d'une durée maximale de deux semaines; la période de dix-huit semaines de suspension du contrat de travail postérieure à la date de l'accouchement est alors réduite d'autant.

Lorsque l'enfant est resté hospitalisé jusqu'à l'expiration de la sixième semaine suivant l'accouchement, la salariée peut reporter à la date de la fin de l'hospitalisation tout ou partie du congé auquel elle peut encore prétendre. Lorsque l'accouchement intervient plus de six semaines avant la date prévue et exige l'hospitalisation postnatale de l'enfant, la période de suspension du contrat de travail prévue aux alinéas précédents est prolongée du nombre de jours courant de la date effective de l'accouchement au début des périodes mentionnées au premier alinéa.

Tout salarié à qui un service départemental d'aide sociale à l'enfance, un organisme français autorisé pour l'adoption ou l'Agence française de l'adoption confie un enfant en vue de son adoption a le droit de suspendre le contrat de travail pendant une période de dix semaines au plus à dater de l'arrivée de l'enfant au foyer, vingt-deux semaines en cas d'adoptions multiples. Cette période est fixée à dix-huit semaines si l'adoption a pour effet de porter à trois ou plus le nombre d'enfants dont le salarié ou le ménage assume la charge dans les conditions prévues aux articles L. 512-3 et suivants et L. 521-1 du Code de la sécurité sociale. La suspension du contrat de travail peut précéder de sept jours calendaires, au plus, l'arrivée de l'enfant au foyer. Les parents salariés bénéficient alors de la protection instituée à l'article L. 122-25-2 du présent code. L'adoption d'un enfant par un couple de parents salariés ouvre droit à onze jours supplémentaires ou, en cas d'adoptions multiples, à dix-huit jours supplémentaires de congé d'adoption à la condition que la durée de celui-ci soit répartie entre les deux parents. En ce cas, la durée du congé ne peut être fractionnée en plus de deux périodes, dont la plus courte ne saurait être inférieure à onze jours. Ces deux périodes peuvent être simultanées.

Les dispositions de l'alinéa précédent sont applicables à la personne salariée titulaire de l'agrément mentionné aux articles 63 ou 100-3 du Code de la famille et de l'aide sociale [art. L. 225-2 à L. 225-7 au L. 225-15, CASF] lorsqu'elle adopte ou accueille un enfant en vue de son adoption par décision de l'autorité étrangère compétente, à condition que l'enfant ait été autorisé, à ce titre, à entrer sur le territoire français.

Le père ou la mère avertit l'employeur du motif de son absence et de la date à laquelle il ou elle entend mettre fin à la suspension de son contrat de travail.

À l'issue des congés de maternité et d'adoption prévus au présent article, la personne salariée retrouve son précédent emploi ou un emploi similaire assorti d'une rémunération au moins équivalente.

Toutefois, dans le cas où pendant sa grossesse la femme a fait l'objet d'un changement d'affectation dans les conditions prévues au premier alinéa de l'article L. 122-25-1, elle est réintégrée dans l'emploi occupé avant cette affectation lorsqu'elle reprend son travail à l'issue de la période de suspension définie au présent article.

En l'absence d'accord collectif de branche ou d'entreprise déterminant des garanties d'évolution de la rémunération des salariés au moins aussi favorables que celles mentionnées dans le présent alinéa pendant les congés prévus au présent article et à la suite de ces congés, cette rémunération, au sens de l'article L. 140-2, est majorée, à la suite de ces congés, des augmentations générales ainsi que de la moyenne des augmentations individuelles perçues pendant la durée de ces congés par les salariés relevant de la même catégorie professionnelle ou, à défaut, de la moyenne des augmentations individuelles dans l'entreprise.

La règle définie à l'alinéa précédent n'est pas applicable aux accords collectifs de branche ou d'entreprise conclus antérieurement à l'entrée en vigueur de la loi n° 2006-340 du 23 mars 2006 relative à l'égalité salariale entre les femmes et les hommes.

Art. L. 122-26-1 ○ Lors du décès de la mère au cours des périodes définies aux premier et quatrième alinéas de l'article L. 122-26, le père a le droit de suspendre le contrat de travail pendant une période de dix semaines au plus à compter du jour de la naissance de l'enfant.

L'intéressé doit avertir son employeur du motif de son absence et de la date à laquelle il entend mettre fin à la suspension de son contrat de travail.

Le père bénéficie alors de la protection contre le licenciement instituée à l'article L. 122-25-2.

La suspension du contrat de travail peut être portée à dix-huit ou vingt-deux semaines dans les cas prévus à l'article L. 331-6 du Code de la sécurité sociale.

Art. L. 224-1 ○ Les salariées ne peuvent être occupées pendant une période de huit semaines au total avant et après leur accouchement.

Il est interdit d'employer des femmes en couches dans les six semaines qui suivent leur délivrance.

Sur la démission d'un salarié à la suite d'un congé postnatal

Art. L. 122-28 ○ Pour élever son enfant, le salarié peut, sous réserve d'en informer son employeur par lettre recommandée avec demande d'avis de réception au moins quinze jours à l'avance, résilier son contrat de travail à l'issue du congé de maternité ou d'adoption prévu à l'article L. 122-26 ou, le cas échéant, deux mois après la naissance ou l'arrivée au foyer de l'enfant, sans être tenu de respecter le délai de préavis, ni de payer de ce fait une indemnité de rupture. Il peut, dans l'année suivant la rupture de son contrat, solliciter dans les mêmes formes son réembauchage ; l'employeur est alors tenu, pendant un an, de l'embaucher par priorité dans les emplois auxquels sa qualification lui permet de prétendre et de lui accorder, en cas de réemploi, le bénéfice de tous les avantages qu'il avait acquis au moment de son départ.

Sur les discriminations

Art. L. 122-45 ○ Aucune personne ne peut être écartée d'une procédure de recrutement ou de l'accès à un stage ou à une période de formation en entreprise, aucun salarié ne peut être sanctionné, licencié ou faire l'objet d'une mesure discriminatoire, directe ou indirecte, notamment en matière de rémunération, au sens de l'article L. 140-2, de mesures d'intéressement ou de distribution d'actions, de formation, de reclassement, d'affectation, de qualification, de classification, de promotion professionnelle, de mutation ou de renouvellement de contrat en raison de son origine, de son sexe, de ses mœurs, de son orientation sexuelle, de son âge, de sa situation de famille ou de sa grossesse, de ses caractéristiques génétiques, de son appartenance ou de sa non-appartenance, vraie ou supposée, à une ethnie, une nation ou une race, de ses opinions politiques, de ses activités syndicales ou mutualistes, de ses convictions religieuses, de son apparence physique, de son patronyme ou, sauf inaptitude constatée par le médecin du travail dans le cadre du titre IV du livre II du présent code, en raison de son état de santé ou de son handicap.

Aucun salarié ne peut être sanctionné, licencié ou faire l'objet d'une mesure discriminatoire visée à l'alinéa précédent en raison de l'exercice normal du droit de grève.

Aucun salarié ne peut être sanctionné, licencié ou faire l'objet d'une mesure discriminatoire pour avoir témoigné des agissements définis aux alinéas précédents ou pour les avoir relatés.

En cas de litige relatif à l'application des alinéas précédents, le salarié concerné ou le candidat à un recrutement, à un stage ou à une période de formation en entreprise présente des éléments de fait laissant supposer l'existence d'une discrimination directe ou indirecte.

Au vu de ces éléments, il incombe à la partie défenderesse de prouver que sa décision est justifiée par des éléments objectifs étrangers à toute discrimination. Le juge forme sa conviction après avoir ordonné, en cas de besoin, toutes les mesures d'instruction qu'il estime utiles.

Toute disposition ou tout acte contraire à l'égard d'un salarié est nul de plein droit.

Art. L. 123-2 ○ Aucune clause réservant le bénéfice d'une mesure quelconque à un ou des salariés en considération du sexe ne peut, à peine de nullité, être insérée dans une convention collective de travail, un accord collectif ou un contrat de travail, à moins que ladite clause n'ait pour objet l'application des dispositions des articles L. 122-25 à L. 122-27, L. 122-32 ou L. 224-1 à L. 224-5 du présent code.

Sur le salarié détaché

Art. L. 125-1 ○ Toute opération à but lucratif de fourniture de main-d'œuvre qui a pour effet de causer un préjudice au salarié qu'elle concerne ou d'éluder l'application des dispositions de la loi, de règlement ou de convention ou accord collectif de travail, ou marchandage, est interdite.

Les associations d'ouvriers qui n'ont pas pour objet l'exploitation des ouvriers les uns par les autres ne sont pas considérées comme marchandage.

Art. L. 125-3 ○ Toute opération à but lucratif ayant pour objet exclusif le prêt de main-d'œuvre est interdite sous peine des sanctions prévues à l'article (L. 152-3 dès lors qu'elle n'est pas effectuée dans le cadre des dispositions du livre Ier, titre II, chapitre IV du présent code relatives au travail temporaire).

Les articles L. 124-4-6, L. 124-4-7, L. 124-9, L. 341-3, le quatrième alinéa de l'article L. 422-1, ainsi que les articles L. 412-3 à L. 412-7 du Code de la sécurité sociale sont applicables aux opérations de prêt de main-d'œuvre à but non lucratif.

Art. L. 152-3 ○ Toute infraction aux dispositions des articles L. 125-1 et L. 125-3 est punie d'un emprisonnement de deux ans et d'une amende de 30 000 € ou de l'une de ces deux peines seulement.

Le tribunal peut prononcer, en outre, l'interdiction d'exercer l'activité de sous-entrepreneur de main-d'œuvre pour une durée de deux ans à dix ans.

Sont passibles d'une amende de 12 000 € et d'un emprisonnement de douze mois ou de l'une de ces deux peines seulement, ceux qui, directement ou par personne interposée, contreviennent à l'interdiction prononcée en application de l'alinéa qui précède.

Dans tous les cas, le tribunal peut ordonner, aux frais de la personne condamnée, l'affichage du jugement aux portes des établissements de l'entreprise et sa publication dans les journaux qu'il désigne.

Sur le cumul d'emploi

Dans le secteur privé et public

Art. L. 324-1 ○ Il demeure interdit dans les conditions fixées par les dispositions en vigueur aux fonctionnaires, agents et ouvriers des services publics de l'État, des départements et des communes, offices et établissements publics, aux personnels commissionnés aux

[ou] titulaires de la société nationale des chemins de fer français ou des réseaux de chemins de fer d'intérêt local et autres services concédés, compagnies de navigation aériennes et maritimes subventionnées, régies municipales et départementales, directes ou indirectes, ainsi qu'au personnel titulaire des organismes de sécurité sociale, d'occuper un emploi privé rétribué ou d'effectuer à titre privé, un travail moyennant rémunération.

Demeurent notamment applicables les dispositions du décret modifié du 29 octobre 1936 relatif aux cumuls de retraites et de rémunérations et de fonctions.

Dans le secteur privé

Art. L. 324-2 ○ Aucun salarié des professions industrielles, commerciales, artisanales ou agricoles ne peut effectuer des travaux rémunérés relevant de ces professions au-delà de la durée maximale du travail, telle qu'elle ressort des lois et règlements en vigueur dans sa profession.

Sur le calcul de l'effectif de l'entreprise

Art. L. 620-10 ○ Pour la mise en œuvre des dispositions du présent code, les effectifs de l'entreprise sont calculés conformément aux dispositions suivantes.

Les salariés titulaires d'un contrat à durée indéterminée à temps plein et les travailleurs à domicile sont pris intégralement en compte dans l'effectif de l'entreprise.

Les salariés titulaires d'un contrat à durée déterminée, les salariés titulaires d'un contrat de travail intermittent, les travailleurs mis à la disposition de l'entreprise par une entreprise extérieure, y compris les travailleurs temporaires, sont pris en compte dans l'effectif de l'entreprise au prorata de leur temps de présence au cours des douze mois précédents.

Toutefois, les salariés titulaires d'un contrat à durée déterminée, d'un contrat de travail temporaire ou mis à disposition par une entreprise extérieure sont exclus du décompte des effectifs lorsqu'ils remplacent un salarié absent ou dont le contrat de travail est suspendu, notamment du fait d'un congé pris en application des articles L. 122-26 ou L. 122-28-1.

Les salariés à temps partiel, quelle que soit la nature de leur contrat de travail, sont pris en compte en divisant la somme totale des horaires inscrits dans leurs contrats de travail par la durée légale ou la durée conventionnelle du travail.

Le salarié embauché à compter du 22 juin 2005 et âgé de moins de vingt-six ans n'est pas pris en compte, jusqu'à ce qu'il ait atteint l'âge de vingt-six ans, dans le calcul de l'effectif du personnel de l'entreprise dont il relève, quelle que soit la nature du contrat qui le lie à l'entreprise. Cette disposition ne peut avoir pour effet la suppression d'une institution représentative du personnel ou d'un mandat d'un représentant du personnel. Les dispositions du présent alinéa sont applicables jusqu'au 31 décembre 2007.

Adresses utiles

Les bureaux des anciens élèves des écoles
Ils facilitent le recrutement des jeunes diplômés sortis depuis peu de l'école ou permettent de profiter de l'annuaire des anciens élèves qui peuvent être devenus des personnes expérimentées.
Pour tout renseignement : 0820 012 112 (0,12 €/ minute)

HEC
1, rue de la Libération
78351 Jouy-en-Josas Cedex
Tel. : 01 39 67 70 00
Fax : 01 39 67 74 40
Pour déposer une offre d'emploi ou de stage : http://www.hec.fr/

ESCP-EAP
79, avenue de la République
75543 Paris Cedex 11
Tel. : 01 49 23 20 00
Pour connaître le calendrier des stages, déposer une offre de stage ou une offre d'emploi : http://www.escp-eap.net/fr

ISTM
(Institut supérieur de Technologie et Management)
Cité Descartes

2, bd Blaise Pascal – BP 99
93162 Noisy-le-Grand Cedex
Tel. : 01 45 92 60 04
Fax : 01 45 92 60 99
Pour connaître le calendrier des stages, déposer une offre de stage ou une offre d'emploi :
www.istm.fr

École Supérieure des Industries du Vêtement
73, bd Saint-Marcel
75013 Paris
Tel : 01 40 79 92 60
Pour connaître le calendrier des stages, déposer une offre de stage :
www.esiv.fr
Déposer une offre d'emploi :
http://www.esiv.fr/contact-entreprise.htm

École Supérieure de Cuisine Française
28, rue de l'abbé Grégoire
75006 Paris
Tel. : 01 49 54 28 00
Pour connaître le calendrier des stages, déposer une offre de stage ou une offre d'emploi :
http://www.escf.ccip.fr

École Grégoire-Ferrandi
28, rue de l'Abbé Grégoire
75006 Paris
Tel. : 01 49 54 28 17
Pour connaître le calendrier des stages, déposer une offre de stage ou une offre d'emploi :
www.egf.ccip.fr

CFI (Centre des Formations Industrielles)
Site Paris
247, avenue Gambetta
75020 Paris
Tel. : 01 40 31 46 00
Pour connaître le calendrier des stages, déposer une offre de stage ou une offre d'emploi :
www.cfi.ccip.fr

Gobelins, l'École de l'Image
Site Paris :
73, bd Saint-Marcel
75013 Paris
Tel. : 01 40 79 92 79
Fax : 01 40 79 92 71
Pour connaître le calendrier des stages, déposer une offre de stage ou une offre d'emploi :
www.gobelins.fr

TECOMAH
Chemin de l'Orme Rond – BP 56
78356 Jouy-en-Josas Cedex
Tel. : 01 39 67 12 00
Fax : 01 39 56 27 84
Pour connaître le calendrier des stages, déposer une offre de stage ou une offre d'emploi :
www.tecomah.fr

ADVANCIA (École de la création, de la gestion

et du développement de l'entreprise)

Site Montmartre
39, avenue Trudaine
75009 Paris

Site Montparnasse
3, rue Armand Moisant
75015 Paris
Tel. : 01 49 70 61 08
Pour connaître le calendrier des stages, déposer une offre de stage ou une offre d'emploi : www.advancia.fr

Glossaire

Accord collectif ○ il se différencie de la convention collective en ce qu'il ne traite que de points particuliers (voir ci-dessous).

Avantages en nature ○ bien, produit ou service servi gratuitement à un salarié ou économie réalisée par lui, qui doit être intégré dans l'assiette des cotisations (par exemple logement, nourriture, voiture ...).

Comité d'entreprise ○ organe de l'entreprise qui réunit le chef d'entreprise et les représentants élus du personnel, en vue d'associer ceux-ci à la marche de l'entreprise.

Convention collective ○ accord conclu entre, d'une part, un employeur ou un groupement d'employeurs et, d'autre part, une ou plusieurs organisations syndicales de salariés possédant un caractère représentatif, en vue de déterminer l'ensemble des conditions d'emploi et de travail des salariés et de leurs garanties sociales.

Crédit d'impôt ○ dans un sens général, désigne toute somme venant s'imputer sur le montant brut d'impôt à payer par application de diverses règles fiscales.

Déclaration unique d'embauche (DUE) ○ déclaration adressée par l'employeur à l'occasion de l'embauche d'un salarié auprès de l'Urssaf.

Délégué du personnel ○ représentant élu du personnel d'un établissement, chargé de faire observer les conditions de travail, de transmettre les réclamations du personnel à l'employeur et, éventuellement, de remplacer le comité d'entreprise quand celui-ci n'existe pas.

Gratification ○ Somme d'argent remise par l'employeur au personnel pour marquer sa satisfaction du travail accompli ou à l'occasion d'événements familiaux. Normalement la gratification est une libéralité.

Liquidation judiciaire ○ procédure judiciaire ayant pour objet la réalisation de l'actif d'une entreprise en état de cessation des paiements et dont la situation est irrémédiablement compromise, en vue du règlement de son passif. La liquidation judiciaire est applicable à tout commerçant, à toute personne immatriculée au répertoire des métiers.

Maladies professionnelles ○ Sont des maladies professionnelles les affections limitativement énumérées à l'article L. 461-2 du Code de la Sécurité sociale et inscrites dans des tableaux dits de maladies professionnelles. Les tableaux indiquent pour chaque maladie reconnue comme professionnelle le délai de prise en charge, le type de maladie et la liste indicative ou limitative des principaux travaux susceptibles de la provoquer. Peuvent également être reconnues comme maladies professionnelles les maladies déjà désignées dans les tableaux spécifiques pour lesquelles toutes les conditions tenant aux critères techniques de reconnaissance ne sont pas remplies (délai de prise en charge, durée d'exposition...) et les maladies non inscrites sur les tableaux précités dans la mesure où une relation directe avec le travail habituel est établie. Les maladies professionnelles ouvrent droit aux mêmes réparations qu'un accident du travail.

Résiliation ○ suppression pour l'avenir d'un contrat successif (contrat qui implique une exécution dans le temps), en raison de l'inexécution par l'une des parties de ses obligations.

Index thématique

707254 – (I) – (2) – OSB-Ta 80° – SCM – EDO

Achevé d'imprimer sur les presses de
SNEL Grafics sa
Z.I. des Hauts-Sarts - Zone 3
Rue Fond des Fourches 21 – B-4041 Vottem (Herstal)
Tél +32(0)4 344 65 60 - Fax +32(0)4 289 99 61
avril 2007 – 41406

Dépôt légal : avril 2007
Imprimé en Belgique